オペレーションズ・マネジメント選書

伊倉義郎・高井英造　著
Yoshiro Ikura　　Eizo Takai

サプライチェーンの最適化
# 物流アルゴで世が変わる

日本評論社

# はじめに

　最近、サプライチェーンの見直しに関心が集まっています。ここ数十年のグローバル化の結果、多くの企業でサプライチェーンが世界的に拡大し、安く作って世界中で製品を販売する仕組みが広がってきました。その一方で地震災害、疫病やジオポリティカル・イベントなどの新しいリスクが顕在化し、製造業の国内回帰や代替地への移転など、急速な物流ネットワークの再構築が叫ばれています。

　また人と人とのかかわり方も変化しつつあり、ソーシャル・ディスタンスという概念も導入されました。そのおかげで、ますます自動化やバーチャルな企業活動が盛んになり、サプライチェーンの構造にも大きな変化が起ころうとしています。

　このような社会的変化の行き先は、更なる自動化とAIやロボットの台頭かもしれません。またその裏にあるアルゴリズムの浸透ということではないでしょうか。しかも今後この動きは加速することはあっても緩むことはなさそうです。

　本書では、物流やサプライチェーンに関して、今起こりつつある自動化とロボット導入の流れを理解すべく、その背後にあるアルゴリズムの内容とその恩恵について分かり易く説明しようとします。一方で、最先端の話題を説明しようとすると、どうしてもその基礎にある理論とか考え方の理解が必要になります。その意味で、本書は少し欲張りな目標を掲げました。

　つまり、物流最適化に関する最先端の話題と今後の動向について説明したいという思いと、そもそも物流最適化とはどんなことか、また具体的に何をするのかを基礎から説明するということです。特に後者については、物流最適化に関する実務的で手ごろな入門書があまりないということもあり、具体的にどんなことを取り組んだらよいのかという観点からの解説になっています。

　最先端のケースで多大の投資効果がある例を紹介すると、どの企業でもそれが可能かもと考えてしまう方がいるかもしれません。多分それは安易な考えで、やはり基本が大切というのが我々の行きつく結論です。とはいえ、あまりリスクを恐れ何もしないのでは、競合にせり勝って成長することも難しくなります。特に

会社や組織で上層部におられる方は、ある程度のリスクは考慮しながらも、成長戦略は何かとか、何もしないことのリスクはないのか、などと模索されることも多いのではと思います。リスクと成長戦略のバランスは、永遠のテーマかもしれません。

　今後の物流を取り巻く環境は大きな転換時期を迎えています。コロナの状況が今後どのように物流に影響を及ぼすのか大きな不透明性を与えています。それがどのような形になるにせよ、社会的経済的環境の変化に対応しつつ、先を見越して柔軟性をもった弾力性（レジリエンシー）をもった物流システムの構築が不可欠と思います。それを実現するためにも、数理アルゴリズムの知識と最適化モデルに基づく知見が重要になってくるというのが我々の考えです。

　このような意図から、本書の前半では主に物流問題で定番的な話題をとりあげ、問題の定義や具体例、企業や産業によるバリエーションについて解説しています。さらに問題を解決するべく方法論についても触れていて、簡単な概算手法から緻密な最適化モデル構築まで、種々の解法について紹介しています。

　定番問題の後には、一部の先端企業で取り組まれている取り組みについて紹介します。特に具体的なデータを使って最適化モデルを作成し、それに対する答えを読み解きながら、ユーザー企業での物流戦略について論じています。更に、最適化モデルを活用することにより実現できる近未来の物流システムについて、提案の形で紹介します。

　ここで強調したいのは、実データを使う分析を行うことが本書の目的ではありません。実データも日々変化しているわけで、将来のデータについては誰も正確な予測はできないものです。重要なのは、このようなデータを使って計算した結果を如何に解釈し、結果をどのように具体的な戦略や作戦に結び付けるかというプロセスを習得することです。分析結果を見て、柔軟に具体的な取り組みに結び付けるというのは、AIでは当分真似のできない仕業です。一方で、人間固有のこのような取り組みは一朝一夕には学べるものではないので、やはり地道な取り組みが必要になります。その意味で、本書で紹介するような最適化モデルを参考にしていただき、各企業で独自のモデル開発や分析をして、実務に役立てていただければ我々の意図する目的が達成されるものと思います。

　筆者らは長年のセミナーやコンサルティングを通じて、多くの方々に接し、いろいろなことを学んできました。本書の企画はそのようなコンサルティングで知

りえた様々な知見を、できるだけ多くの方にご紹介出来ればと思いスタートして
おります。個別企業の事例については、ご紹介できないことが多くあるのです
が、業界全体としての共通なことはだれにとっても有意義ではないかと考える次
第です。また、微力ながら、日本全体の競争力の強化に少しでも寄与出来ればと
も願っております。

　このような意味で、本書の出版に関して（株）サイテック・ジャパンや（株）
フレームワークスのお客様や関係者の皆様には大変感謝をしております。また、
我々が長年物流セミナーを行ってきた日本ロジステックス協会（JILS）や東京工
業大学の関係者の方々にも熱く御礼を申し上げます。最後に日本評論社の斎藤博
氏には、本書の企画、及び原稿の校正や貴重なコメントを沢山いただき深く感謝
いたします。


　2020年10月吉日

伊倉義郎

高井英造

# 目　次

はじめに　iii


## 第1章　なぜ物流とアルゴか———————————————————1

物流アルゴとは　1　　ソフトウェアインフラとアルゴの関係　2
本書の趣旨と結論　3　　モデルの詳細とアルゴリズムについて　4
Edelman ケースについて　4


## 第2章　物流問題と解決法のマッチング—————————————7

2.1　物流ネットワーク全体を見よう　7

2.2　問題解決のマップ　9

2.3　Edelman ケース1：スペインのファーストファッション Zara　10


## 第3章　定番の物流問題：拠点配置———————————————17

3.1　拠点配置問題とサプライチェーン　18
　　拠点配置問題とは　18
　　物流ネットワーク（サプライチェーン）をモデル化する　18
　　拠点配置問題は中長期計画となる　20

3.2　分析例　21
　　自動車のサプライチェーン　21　　石油製品の場合　21
　　種々の分析例　22

3.3　基本ロジック　25
　　配送センターの数と位置　25　　担当エリア内での配送センターの最適場所　26
　　担当エリア内と工場との関係　29

3.4　最適化モデル　30
　　サプライチェーン・モデルの期間　31　　費用について　32
　　拠点での物流制約　32　　最終顧客について　33　　計算ロジック　33
　　ソフトウェアによる最適化計算と投資効果　35　　最適化モデルの概要　35

3.5 最適化の事例　37
　　タイヤメーカーの北米 NAFTA モデル　37　　業務用電機メーカーのジレンマ　38
　　飲料メーカーの倉庫配置問題　39

3.6 特殊例　41
　3.6.1 クロスドックの配置　41
　3.6.2 運送業での拠点配置　43
　　拠点配置は需要データから　44

3.7 分析用データの準備　47
　　拠点配置に必要なデータの一覧　48　　製品データについて　49
　　拠点データについて　50　　顧客データについて　50
　　運賃データについて　51　　時間距離データについて　52
　　輸送実績データについて　52

3.8 準備データを使った手計算　53
　　まずは輸送コストを計算する　54　　次に拠点コストを計算する　55
　　総物流コストを求め改善を図る　55

3.9 Edelman ケース 2：ヨーロッパの宅配便　TNT Express　56


第 4 章　定番の物流問題：配車————————————————65


4.1 配車問題とは　65
　4.1.1 配車の制約条件　67
　4.1.2 配車の最適化目的　69

4.2 配車問題の分類　70
　　端末配送：定番の倉庫・顧客間の場合　70
　　幹線輸送：拠点間を大型車で輸送する　71　　分散型の荷量は幹線輸送の特殊形　72
　　端末輸送と幹線輸送は別アルゴリズムで解く　72　　1 回での納入先数　73
　　複数出荷地、マルチデポ　73　　製品在庫の準備時刻　75　　液体輸送　75
　　近距離と長距離運転の場合　76　　JIT 配車　77　　同一ルートを複数回巡行する　79

4.3 走行距離と時間の計算　81

4.4 配車問題の解法　83
　　ローカルサーチ型　83　　ルート生成型　86

4.5 配車事例と投資効果　88
　4.5.1 石油元売りの例　88
　4.5.2 自動車部品配送の例　90

4.6 Edelman ケース 3：米国の宅配便　FedEx と UPS　93

# 第5章　エクセル・ソルバーによる最適化—————————101

## 5.1　簡単モデルでも利益が8％アップ　102
## 5.2　線形計画モデルの構築方法　106
フローチャートの作成　106
## 5.3　エクセル・ソルバーによる最適化計算　109
エクセル・ソルバーの開き方　109　　モデル・マトリックスの作成　109
ソルバー・パラメーターの設定　110　　最適化計算と結果　112
## 5.4　戦略案の分析　114
限界価格の利用法　114　　線形計画法の効用　116

# 第6章　倉庫内の物流問題—————————119

## 6.1　ピッキングの問題　120
オーダーピッキングとバッチピッキング　120　　ピッキングのルート作成問題　122
バッチピッキングの作成問題　124
## 6.2　ロボットによるピッキング最適化　126
棚が固定 vs. 変動の違い　126　　固定式棚とロボット　127
変動式棚とロボット　129
## 6.3　製品の配置問題　133
固定式ラックの場合　133　　変動式ラックの場合　136
## 6.4　棚の配置問題　137
## 6.5　Edelman ケース4：宗教のモデル化　サウジアラビア宗教省　139

# 第7章　モデルによるネット通販と運送業の分析—————————149

## 7.1　アマゾン・ドットコムの物流ネットワーク　150
## 7.2　アマゾン・ジャパンの物流ネットワーク分析　152
アマゾン・ジャパンの物流モデルと戦略　153　　費用設定　154
最適化モデルとソフトウェア　156　　計算結果　157
中継拠点 SC の設置とオペレーションについて　159
ドライバーのスケジュール　159　　初期投資額　160
デリバリープロバイダーの利用　160　　宅配便の値段設定と価格交渉　161
地域性　162　　シミュレーション結果の意味　162
## 7.3　宅配便の物流ネットワーク分析　163
近年の運送業者とネット通販　164　　"Time is money" の原理　165
既存ネットワークでの輸送を分析してみる　166　　ゲートウェイ構造の考察　168

分析のポイント 169　分析のための設定パラメータ 171　荷量の設定 171
シミュレーションモデルは幹線配車モデルで作る 173
シミュレーションの結果：直行 vs. 中部中継 173
直行ルートでの結果について 174　中部中継ルートの結果 177
平準化荷量のケース 178

### 7.4　当日配送のための物流ネットワーク 179
厚木・中部間の当日配送 179　公開されているヤマト運輸の方針との関係 181
既存宅配便は翌々日配達サービスをめざせ 182
最適化モデルを含めたテクノロジーが違いになる 183
最適化モデルは投資効果抜群である 183

### 7.5　「物流危機、官民で夜の荷量減らせ」の記事 184
物流危機、官民で夜の荷量減らせ 184

### 7.6　革新プロジェクトは Money Ball 方式で立ち上げる 185


## 第8章　近未来の物流システム————————————————187


### 8.1　広域大規模運送業者の配車システム
　　　：ディスパッチ型のスケジューリング 188
荷量予測は実績管理システムと逐次配車から 189
荷量が分かると中継拠点は短期スケジューリングができる 190

### 8.2　リアルタイム配車システム 192
リアルタイム配車スケジューリングは割当て問題になる 194

### 8.3　鉄道を使った当日配送システム：貨物新幹線 196
北海道の物流問題 197　2か所の新貨物ターミナル 198
貨物新幹線を国外で売れ 199　まずは最適化モデル分析 199


Appendix A　巡回セールスマン問題（TSP） 201
Appendix B　ビンパッキング問題 204


参考文献 207
索引 212

# 第1章

# なぜ物流とアルゴか

物流アルゴとは

この本のテーマである「物流アルゴ」とは、多くの読者にとっては、あまり聞きなれない言葉と思います。まずここで「アルゴ」とは「アルゴリズム」のことで、最近は AI やマシンラーニングなどと共に、よく聞かれる言葉です。その中身は、人のやることをソフトウェア化した簡単な処理ステップから、複雑な数学を使った斬新なものまで種々様々です。本書でいうアルゴリズムは、あまり人間ができそうにない処理をしてしまうようなもので、特に数理手法を使った最適化モデルを元にソフトウェアとして実装し実際の意思決定問題に使われているものを意味します。

アルゴリズムの例として最近有名なのは株の売買プログラムで、現在の株売買の 7、8 割程度はソフトウェアが「自動的に」行っているとのことです。別の例としては、航空券予約システムで、顧客が予約をするときに素早く「最適な」値段を提示し便利なサービスを提供しています。

ここでいう「自動的に」と「最適な」は重要なコンセプトです。詳しくは本書で逐次解説をしますが、人間が処理できないほどの膨大なデータを瞬時に分析し、高速で計算をして一番よいと思われる次の一手を打つという意味です。更に、その計算の裏に数理モデルというものがあって、現実が数理モデルにそって動くという前提に立っています。

このようなアルゴが、物流の世界でも取り入れられつつあるというのが最近の潮流です。このようなアルゴはどのようなもので、どう使われているのか、というのがこの本のテーマです。更に、どうやってそのようなアルゴを自分らのビジネスに取り入れるのか、というところまで解説を試みています。

そんな難しい仕組みをつくるよりは、長年の勘と経験で人が行うのが良いはず、と感じる方もいるかもしれません。只厄介なことに、アルゴを使いこなす企業と、使えずに旧態依然のやり方をする企業の間には、大きな格差が生じてしまう結果となりつつあります。特に、最近のネットビジネスをベースにした巨大IT企業（頭文字をとってGAFAとか、FANGなどと言われている企業群）や、ITベンチャーのスタートアップではこのアルゴがビジネスのコアになっていて、中身次第でその成功の可能性も大きく左右されるほどになっています。

　アルゴリズムとは別に、ロジスティックスという言葉もあります。元来、日常英語でロジスティックスとは、「段取り」とか「予約・予定の詳細」みたいな意味ですが、物流に限って言えば、「物流ネットワーク上の効率よい物の流れとその実行ノウハウ」というような意味合いになります。ロジスティックスで最近ポイントとなるのは、ハード的な施設よりは、ソフト的なノウハウとかソフトウェアの方です。勿論物理的な施設や場所も、物の流れの制約になるので無視はできませんが、そもそもどのような物理施設が必要なのかというのは、ソフト的な分析により決まります。


ソフトウェアインフラとアルゴの関係

　どのような運用システムでも、基本データの管理とか表示機能が含まれます。インフラソフトの例としては、受注管理システム、在庫管理システム、運行管理システムなどがあります。物流のソフトウェアといえばそのようなインフラ的なシステムが多いのですが、本書ではその部分にはさほど焦点は当てていません。このような操業の管理システムからなるインフラの上に、経営的な視点から判断や計画を行う意思決定の部分が位置し、本書ではこの意思決定用のソフト（つまりアルゴリズム）という点に的を絞っています。勿論インフラとしての仕組みづくりも大変重要ですが、それはそれで大きなトピックになります。よって、本書ではインフラを説明するというよりは、そもそもインフラを構築する際の目的とか、どんな意思決定のためにどんなデータを必要とするのかということに焦点を当てます。

　これまでの経験で、意味もなく多くのデータ項目が収集される反面、意思決定に最も需要なデータが収集されていないという例を沢山見ています。担当者の話としては、意思決定のソフトまでは考えずにデータベースを作ってしまったとい

うことですが、それではせっかくの基盤インフラもあまり役には立ちません。その結果、相変わらず肝心な意思決定は人手に任せきりで、判断が属人化するとか意思決定が遅くて競争力もなく、市場の動きに遅れてしまう結果となっています。

その意味で本書では先端企業ではどんな仕組みとどのような考え方で問題を解決しているのかを紹介し、そのような仕組みを構築するにはどうするのか、またどこから始めたらよいのか、というのを解説します。

只、先端的な仕組みを構築するのは簡単ではありません。いずれそれを目指すにしても、最初は簡単でも基本的なシステムを構築して学習する必要があります。いわば、小学生が大学レベルの問題を解こうとしても難しいわけで、自動化や意思決定のソフトウェア化を目指すにもやはり基礎から着実に進める必要があると考えます。

その意味で、本書の実例は大学院レベルの話もあるので、そのままを真似るというのはあまりお勧めではありません。やはり基本を理解して、個々のビジネスや環境に合わせて独自のシステムなり仕組みを着実に構築するのが正解です。そのゆえに本書では基礎的な問題に対して簡単な最適化モデルを作る例や方法も紹介しています。

### 本書の趣旨と結論

筆者らは長年にわたって、アルゴリズムの元となる理論であるオペレーションズ・リサーチ（OR）という手法を使って、物流ビジネスのコンサルを行ってきました。日本ロジスティクスシステム協会（JILS）での実務家向けセミナー「ストラテジック SCM コース」（参考文献［1-1］）や東京工業大学を含めたいくつかの大学での講義を通じて、長年数理モデルと実務への応用について紹介してきました。その際によく聞かれる質問は「話はいいけど、実際には自分たちでどうやってとりかかるのですか？」とか、「問題は分かっているので、実務的な教科書とか参考書はありますか？」などというものです。

この本はそのような問いかけに対して書かれたもので、初めの部分はどこから始めたらよいのか、どうやって問題を見つけるのかを説明しています。特に物流の問題としてよく遭遇する 2 つの問題について詳しく説明を試みます。その後に、簡単に物流データを使って分析し、モデルをつくるのはどうするか、システ

ム化をするためにはどうしたらよいのか、などを解説します。それを土台として、後半の部分では現在の物流関連企業の競合状況を紹介し、事例を交えてトップレベルの競争力をつけるにはどうしたらよいのか、という問いにも答えようとしています。

　最新の物流ネットワークに関しては、特にソフトな中身が重要になりつつあります。トヨタのジャストインタイム（JIT）にしろ、Amazon.com の自動倉庫にしても、ソフトウェア、特にアルゴリズムが裏で重要な役割を果たしています。そのような秘密の多いアルゴリズムを出来るだけ直観的に分かり易く解説し、それをどのように活用できるかを探るというのが本書の趣旨です。またそんな仕組みを作ると、どれだけ恩恵があるのかとか、どんな効果が期待できるのかも実例を踏まえて示しています。

　本書では様々な事例が紹介されています。それらの中から読者のビジネスに一番近い例を選んで詳しく調べ、真似をしてはどうかということも考えるかもしれません。しかし、他社の事例はあくまで参考であり、参照や良い点を取り入れることはあっても、やはりそれぞれのビジネス・モデルや今後の戦略に従って、独自の最適化モデルを作るというのが一番のお勧めです。これが本書の結論でもあるのですが、やはりそれは読まれたあとに確認していただきたい点であります。

　モデルの詳細とアルゴリズムについて

　本書では、物流関係のマネジャーやエンジニアを主な対象と考えております。それゆえに、記述の焦点を物流問題の定義、そのビジネス的な背景、最適化モデルによる意思決定の投資効果やインパクトに特化し、解法アルゴリズムやソフトウェアについては概要にとどめています。一方で、更に具体的なモデルの詳細や解法アルゴリズムの開発方法について知りたく思う読者のために、本書に続く解説書として別途の本を企画しております。その後続書の仮題は『物流最適化モデルと解法アルゴリズム』としておりますが、詳細は未定です。本書内で何度かこの別書を参照するところには、簡単に後続書『物流最適化モデルと解法アルゴリズム』としております。

　Edelman ケースについて

　本書では種々の事例が紹介されます。その中で、「Edelman ケース」と呼ばれ

るものについては、過去に日本オペレーションズ・リサーチ（OR）学会の学会誌に伊倉が12回連載記事を書いたもののから物流に関係のある数編を選んで紹介しています。

オペレーションズ・リサーチ（OR）というのは、本書でも紹介されている数理手法が関係する応用数学の一種で、主に実務的に有用な数学の理論や計算方法を研究する学問です。OR には線形代数、幾何学、確率、統計、グラフ理論、ゲーム理論など種々の数学理論が使われていますが、純粋な数学と異なるのはビジネスや実務に使えるかどうかという観点です。勿論すべての数学は実務に大なり小なり関連あるのでしょうが、OR で研究される数学はビジネスの問題解決がモチベーションにあるので、より直接的な関連性があるものが多いわけです。OR はそれゆえ「経営の科学」とも言われています。

米国の OR 学会は INFORMS という団体で、年に一度の春のコンフェレンスでビジネスに OR 理論がどれだけ効果的であったかを競う発表会を行っています。それが Edelman 賞 コンペティションと言われるもので、既に40年近い実績があります。過去に最優勝賞をとった企業としては、AT&T、IBM、HP、CDC、American Airline 等があります。数は少なくとも日本からの参加もあり、安田火災海上保険（現、損害保険ジャパン）（参考文献 [1-2]）、阪神高速道路（参考文献 [1-3]）、南山大学（参考文献 [1-4]）が Finalist として最終コンペに残りプレゼンをしています。このコンペは世間に周知されているとは言いがたいのですが、発表される内容は素晴らしいものが数多くあります。

Edelman 賞コンペからの事例として本書で紹介するのは4件で、2.3章で Zara（スペインのファーストファッション成功の鍵）、3.8章でヨーロッパの宅配便ビジネス TNT Express（ヨーロッパの宅配便での物流最適化）、4.6章で UPS と FedEx（米国の宅配便バトル）、7.4章ではサウジアラビアの宗教省（番外編としてイスラム教での数理モデルを使った取り組み）について解説します。

これらの Edelman ケースは難しいビジネス問題を斬新な数理手法をソフトウェア化したアルゴリズムで解決した大変興味深いプロジェクトです。また、最終プレゼンをビデオとして記録し、使われているアルゴリズムに関する論文も提供されているので、隠れた宝石のようなものとして紹介する次第です。

# 第 2 章

# 物流問題と解決法のマッチング

## 2.1　物流ネットワーク全体を見よう

　解決すべき物流問題がまだ不明な場合とか、個々の特定問題が多々あるのは分かっていても、具体的な問題解決の前に、まずは物流ネットワーク（あるいはサプライチェーン）全体を見直したいと考えるのは重要です。特に大規模な物流ネットワークとか、多数のベンダーが絡んだ複雑なサプライチェーンの場合には、何が一番大きな問題であるのかが分かっていない場合もあります。その意味で基本的な手順として、まずは全体の物流ネットワークを定義して物の流れがどうなっているのかを見ることは重要なステップと考えます。

　そもそも、物流ネットワークとか、サプライチェーンとか何を意味するのでしょうか。ここでは物流ネットワークの範囲についてはいろいろ議論があるかもしれませんが、簡単に言えば企業活動の中で物の流れの始まりから終わりまでの仕組みを意味します。但し、あくまで対象となる物のコントロールが可能な範囲を指すので、製造業であれば通常は原料や中間製品、OEM 製品などの入荷先から製品出荷先までの物流を考えることになります。一番大きなスコープで考えれば、原材料の入手から、工場で製品を製造し、物流センターや倉庫を介して顧客へ製品を届けるまでの物流をネットワークの範囲とします。尚、物理的な製品を作る製造業であれば原材料とか中間製品などという概念は明らかなのですが、サービス業やソフトウェア企業などでは事情が異なるかもしれません。ここでは話を分かり易くするため、典型的な製造業を前提とした定義を試み、このような物流ネットワークのことをサプライチェーンと呼びます。

　個々の物流の問題、例えば輸送コストが高いとか、在庫が多すぎるなどという

現象も、元をたどればサプライチェーンの構造が悪く、そのために個別の問題が起きている可能性もあります。例えば在庫量が極端に多すぎると感じている場合も、顧客への納入リードタイム（最終顧客への納入時刻までの余裕時間）に比べて配送センターの位置が顧客から遠くにあるので、必要以上の在庫でリードタイムの対応をしているのかもしれません。また配送コストが高いとか、配送手配に時間がかかる場合も、当該配送センターの在庫スペースが手狭になっており、近隣の配送センターからの緊急輸送（所謂「横持」、第3章で説明）が頻繁に起きているということもありうるわけです。

これらを解決するには、当面の課題に直接対処するよりは、根本にある問題を元から直してやらないと、課題が解消せず再発する可能性があります。例えば上記の例でリードタイムの厳しい顧客がいる場合には、その近くに配送センターを設置することによって、より柔軟な工場・配送センター間の輸送ができて、在庫がそれほど多くなくても間に合うかもしれません。また横持が多い場合には、横持輸送の配車をより効率的に行うよりは、なぜ横持をしなければならないのかを見つけて、横持をしなくて済むように在庫の持ち方や配送センターの担当地域を変えるなどの処置をした方がよいかもしれません。

このような考え方で、まずはサプライチェーン全体を見直して、どこに無理なやり方があるかを発見するのもお勧めです。その場合には普段からデータを収集して効率性指標の計算とか例外値や異常値の監視をすることが必要になりますが、それと共に分析ツールの導入も進めたいものです（参考文献［2-1］）。

サプライチェーンの分析ツールにはさまざまなものがありますが、個別の問題用のツールとは別に、サプライチェーン全体を俯瞰して問題がないかを随時チェックするようなシステムの設定があると便利です。

このような監視システムは、基本データベースからデータを抽出して、エクセル等に適宜データを取り込み、集計やグラフ化を行って異常値や例外数値を表示することでも対応が可能です。また、最近の多くの物流システムには、そのような機能が組み込まれていることが多いのでそれらを利用することもお勧めです。いずれにしても、データを蓄積して基本的な分析を行うことがまず基本です。その後に本書で紹介するモデル化のステップに進むことができるのですが、まずは全体像を理解しておくことが重要です。

データ収集とモデル化は「鶏と卵」の関係で、どちらが先かという関係になり

ます。もしどちらもまだであれば、まずは全体を理解してから設計に入るべきです。既にデータ収集は行っていて、モデル化ができてないとか不十分であると感じている場合には、まずどのようなモデル化が必要かを考え、それに従って現在のデータ収集が十分かどうかを査定することがよいでしょう。

　いずれにしても、ここでは問題解決のために何をするべきかというステップを紹介したく思います。

## 2.2　問題解決のマップ

　読者の抱えている物流問題によって、本書の読み方もカスタマイズすることができます。特定の問題についてどう対処すべきか、どのような解法があるのかを単刀直入に知りたい方には、対応する章を読まれることをお勧めします。本書の章については、次のような構造になっております。

　まずサプライチェーン全体をモデル化し全体最適を行う場合のモデルや手順については、第3章で解説します。一度全体を見て現実が最適性からどれだけ乖離しているのかを見たいとか、そもそもサプライチェーンの最適化とはどんなことをするのかを知りたい方はこの章がお勧めです。

　また、物流問題の定番の一つに拠点配置問題というのがあります。これは工場や倉庫などの物流拠点をどこに配置するべきかという問題です。この問題は全ての製造業や物流企業にある課題で、成長している場合はもとより、企業合併を行う場合や縮小を考えている場合にも起きうる問題です。この課題を解説するのも第3章で、拠点配置問題は結局サプライチェーン全体の中で考えるべきであるということに帰着します。但し全体スコープが大きすぎて（例えば世界全体とか日本全体である場合）、部分的に拠点配置を考慮したい場合も局所的なモデル（例えば関東地方のみとか）を作ることも可能です。それも第3章でカバーします。

　次に、物流最適化のもう一つの定番と言われている配車問題については第4章で解説します。特に日本では現場の改善ということで配車を見直すケースが多いのですが、配車問題とはどのようなものか、配車モデルにはどのようなものがあるのか、或いはソフトとして問題を解く場合のアルゴリズムにはどのようなものがあるのか、具体的な例は何か、などを紹介します。配車だけに興味のある読者は直接この章へ進むことも可能です。

物流モデルを考える場合に他社を参考にしてもよいのですが、あまり先端の例ばかり見てしまうとそれを初めから目指したくなるかもしれません。しかし、往々にしてそれはやや無理が過ぎることが多く、実は地道に簡単なモデルから始めるのがお勧めです。特に最適化モデルに取り組んだことがない場合には、まずは単純な課題を試すということがベストです。尚、物流で単純な問題はあまりないのですが、一見単純そうな問題から試みるというのがリスクも少なくてよいのではないでしょうか。そのような試みについて入口から紹介するのが第5章です。ここでは製造業の計画問題の例をとって、エクセルで最適化モデルを作ることを試みます。それによって、どんなデータが必要なのか、どんな結果が出て、どのように使えるのかが理解できるのではないかと思います。

　物流問題の一つに倉庫内のオペレーションについての最適化があります。このトピックは最近特に新しい試みが進んでいる分野で、倉庫内のロボット利用が進むにつれて庫内の作業も自動化されつつあり、同時に最適化も不可欠な要素となります。その状況を説明するのが第6章です。この章では特にネット通販用の配送センターでの試みが解説されていて、今後もさらに進化する分野と考えます。

　第7章では、最適化モデルを適用する事例として、宅配便とネット通販での物流ネットワークのモデル化や配車システムについて紹介します。ここでは実際に最適化モデルを作って解いた結果に基づいて課題を解説し、実際にモデルを使うとこんな結果が出てこんな結論になるということを示しています。入力データについては、公表されている数値とそれから推測できるもののみを使っています。従ってこの結果を用いて読者に個別戦略をお勧めするものではなく、あくまで参考という趣旨での紹介です。只、これを踏まえて独自のモデル分析をする可能性を示し、また関連業界で今後起きうる事態についても考察しています。

　全体を通して、読者が特定の問題意識や興味があれば、**図2-1**のフローチャートに従って先の章に進むことができます。

## 2.3　Edelman ケース1：スペインのファースト・ファッション Zara

　以下は、2011年7月に日本 OR 学会誌、「オペレーションズ・リサーチ　経営の科学」（参考文献[2-2]）に掲載された記事です。当時はスペインのファースト・ファッション Zara 社が急速にビジネスを拡大していましたが、成功の一因

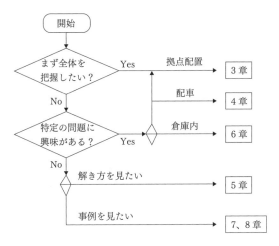

図2-1 本書の読み方のフローチャート

として独自のサプライチェーン運営方法を挙げています。そのプレゼンと最適化モデルついて解説しています。

~~~~~~~~~~~~~~~~~~~~~~~~~~~~~~~~~~~~~~~~~~~~~~~

## エデルマンの勇者たち
### スペインのファースト・ファッション、Zara

　米国 INFORMS の例年のイベントの一つに、Franz Edelman（フランツ・エデルマン）賞がある。これは、世界中の企業より OR を使った実際のプロジェクトを募り、ビジネスに与えた影響度を競い合うというコンペである。毎年20から30くらいの応募の中から、6社がファイナリスト（最終候補）として選ばれ、最終プレゼンを INFORMS 春の大会で行う。プレゼンは丸1日続き、その夜のレセプションで1社が選ばれ最優秀賞が授与される。レセプションはレッド・カーペットを敷き詰めたレセプション・ディナーの後に行われ、アカデミー賞の発表を髣髴させる雰囲気にしてある。因みに最近の様子は、YouTube で "INFORMS Edelman Award" で検索すると見ることが出来る。

　さて、これまでの Edelman 賞に応募したプロジェクトの中には、知れば知るほど面白い話がごろごろしており、これらを分かりやすく紹介するのは日本の OR 関係者にとっても大変よい刺激になるのではと思う。この記事も含めて、この連載では

図2-2　エデルマン賞のロゴ

その中からいくつかを取り上げて、何故そのプロジェクトが必要であったのか、そもそも背景となるビジネス問題は何で、そのためにどのような OR 問題が解かれ、どんな OR 手法が使われたのか、などを分かり易く解説したい。また私自身、賞の審査員を勤め、参加企業でのコーチ役もしたりしているので、事前調査や最終プレゼンで個別に知りえた情報も適宜混ぜて報告したい。プロジェクトの背景にある各国のビジネス環境の違いや参加企業のビジネス戦略も伝えられれば参考になるのではないだろうか。

　筆者はこれまで20年以上 Edelman 賞との付き合いがある。最初の経験は、1985年にこのコンペに自ら参加したことから始まる。私は当時勤めていたサンフランシスコの電力会社でネットワーク・フローモデルを基にした水力発電の非線形最適化システムを開発したが、そのプロジェクトにより Edelman 賞のファイナリストとなった（参考文献[2]）。当時は Edelman 賞という名になって最初のコンペであり、どちらかと言えば小規模なイベントと言うイメージが強かった。その後米国 OR 学会と TIMS が合併をして INFORMS となり、Edelman 賞を運営する CPMS という部会ができてコンペ運営にも多種多様の人達が参加するようになった。さらに2007年からは、INFORMS の春の学会でのメイン・イベントという位置づけがなされ、今回のようなレッド・カーペット方式のやや派手な演出されるようになった。今年（2011年）４月にもコンペは行なわれたが、その際のレポートについては次回に報告の予定である。

　さて、本企画のトップバッターは2009年の Finalist で、スペインから参加した

Zara社である。Zaraは1975年創業で、近年大変な急成長を遂げている新進のアパレル・メーカーで、世界68カ国に1,500ほどの直営店があるという。最近原宿駅前にも最近新店舗がオープンしたが、日本でも50箇所以上の直営店舗があり、まさにグローバル展開をしている。Zaraのビジネス・モデルは、季節性の高いトレンディーなファッションを手ごろな価格で"他に先駆けて"世界中に提供するというものである。そのデザインの特長としては、エスニック風とか南欧風という感じであろうか。あまりご存知無い方は「スペイン版ユニクロ」と考えていただければ手っ取り早いかもしれないが、両社から"違う"という意見も聞こえそうだからあまり単純化はできない。ファッション性も異なるので、まずは一度直に店舗に行かれることをお勧めする。

　Zaraのサプライチェーンの特徴としては、直営店のみの販売で、商品のライフサイクルも短く、数も限られたオリジナルな商品を直接スペインの二つの配送センターから全世界に直送していることである。輸送はヨーロッパの一部を除いて基本的にエアで週2回行っている。ZaraではIT技術を駆使していて、各店舗の端末から売り上げ、在庫・補充データが24時間上がってくる。また商品1個1個の個体管理がされていて、各店舗の在庫状況がリアルタイムに把握できているという。

　Zaraの商品展示方式にはこだわりがある。各種のサイズ（S, L, M, LL, SSなど）のうち、真ん中の需要の高いサイズを"メジャーサイズ"（例えばL, M, S）と決め、販売しているうちにメジャーサイズが一つでも売切れてしまえばその他のサイズも含めてその商品すべてを展示ラックから外し、店舗在庫に移動させる（**図2-3参照**）。また開いたラックには別の商品を即展示するというものである。メジャーサイズの抜けた商品は、本社からの次の配送で補充される可能性があり、補充されると再度展示され販売されることになる。このポリシーの理由としては、メジャーサイズがない場合には、顧客は店への大きな失望感を持ってしまうが、一方でメジャーサイズ以外の場合だと顧客は"自分が特別である"として納得してしまう、という心理によるという。品物によって何がメジャーサイズなのかは変わるそうで、それを決めるのは各店長という。

　このような補充方式も含めて、本社倉庫からの週2回の製品発送は実は膨大な作業になる。店舗からの要求や最新入庫データを更新した後、配送手配に入る前までの時間は2時間ほどしかないという。つまり、毎回2時間の間に世界中の店舗に送る品目と数量を決定しなければならないのである。間違った意思決定をしてしまっては、即売り上げに響いてしまうであろう。特に季節性を重視した品揃えを売り物

| | | | |
|---|---|---|---|
| S | M | L | Keep on display |
| | M | L | Keep on display |
| S | M | | Keep on display |
| | M | | Keep on display |
| S | | L | Move to backroom |
| S | | | Move to backroom |
| | | L | Move to backroom |

図 2 - 3　　3 サイズ（S, M, L）の例

にしているビジネスにとっては、この意思決定は大変に重要な問題で、いかに最適な割り当てをするかが問われる。

　各店舗からの要求数量を積み上げると、通常その時点での製品在庫以上になってしまうので、本社側としてはその時点での在庫をどのように最適に割り振るかを考えなければならない。この製品配送意思決定は、週 2 回、数千アイテム、1,500 店舗に対して行われるが、Zara ではこれを混合整数計画モデルとして定式化し、最適化している。各店舗からは製品補充の希望が直接店長のハンディ・ターミナルから入力されるし、その店舗での売り上げ履歴、現在の展示や在庫状況も全てデータとして揃っている。販売予測が出来て、輸送コストや在庫管理モデルを組み合わせれば、最適化モデルが出来上がる。

　Zara の最適化モデルのキーポイントは 2 つある。一つは売り上げ予測モデルであるが、売り上げ予測モデルは、商品の売り上げをポアソン・プロセスに従うランダムな事象と捉え、それを記述するパラメータを過去の売り上げ履歴より推定している。さらに、今後の売り上げ予想値を現在の商品在庫数の関数と捉えて、**図 2 - 4** にあるような非線形関数に従うとしている。特にメジャーサイズの一つでも欠けてしまえば、その時点でその商品の売り上げはストップするので、サイズ毎の初期在庫量と売り上げ予測値との関連性は重要である。もう一つの特徴は、各店舗への割り当て最適化モデルである。売り上げ予想が分かれば、その次の製品割り当て最適化は、全世界での売り上げを最大化する目的関数の元で、現在個数量をどの店舗に配分するかという標準的な輸送問題を解くことになる（詳しくは参考文献[1]参照）。

　Zara では、このような最適化モデルを AMPL と CPLEX を使ってシステム化し、60 人ほどの担当者が毎日モデルを回しながら意思決定をしている。その現場の様子はビデオとして収録され、YouTube でも公開されていて（参考文献[3]）、まさに圧

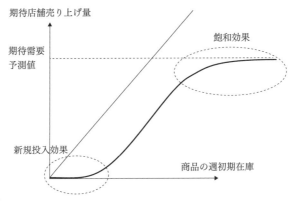

図2-4　3サイズ（S, M, L）の例

巻である。

　Zaraの最適化モデルによる投資効果としては、売上額が3〜4％増加、金額にして$310 million（2007）、$353 million（2008）と報告されている。つまり、最適化モデルを使うことによる直接的な売り上げ増があったということである。翻って、最適化モデルを使わずにどれほどの意思決定が出来るかと考えると、この数字は多分コンサーバティブな数値ではなかろうか。

　因みに、日本のアパレル・メーカーでは同程度まで行っているかということも気になるが、ある業界専門家によればここまでの最適化はないだろうとのことである。

　華やかなファッション業界の裏側で、このような緻密なサプライチェーン管理システムが働いていて、数理計画法がその中心にあるのは正にお見事といえるだろう。最終プレゼンには、Zaraの見るからに若い財務担当の副社長が参加したが、ORによってZaraが急成長を遂げる事が出来たことを強調していたのが印象的であった。

　最後になるが、この連載を思いついてから、改めてこの賞に選ばれる企業に共通する特徴は何かを考えている。初めから結論を述べてしまっては面白味がなくなるので、少なくとも数回後に私なりの考えを紹介したいが、その間に読者の方も同じ問いを是非考えてみて欲しい。それによって少しでも日本のOR発展に参考になれば誠に幸いである。

**参考文献**

[1] Caro, F. et. al., "Zara Uses Operations Research to Reengineer Its Global Distribution Process," *Interfaces*, Vol. 40, No1, pp. 71–84.

[2] Ikura, Y. et. al., "PG&E's State-of-the-Art Scheduling Tool for Hydro Systems," *Interfaces*, Vol. 16, No. 1, pp. 65–82, January–February 1986.

[3] "INFORMS Franz Edelman Award Ceremony" 2009（full length 7 of 8）, YouTube. com, https://www.youtube.com/watch?v = iozLtBSyPSE

～～～～～～～～～～～～～～～～～～～～～～～～～～～～～～～～～～～～

### 後日談

　この記事が書かれたのは2011年ですが、その後 Zara 社は順調に成長を続け、2014～2016年ころにピークを迎えます（下記[4]参照）。しかし、その後はネット対応の遅れなどにより、成長は止まったかのようです。更に2020年のコロナ禍により実店舗の売り上げが急速に落ちてしまい、同年6月には全世界で1,200店舗を閉店する決定をしています。只、その一方でネット通販による売り上げは着実に伸ばしており、今後も新たな戦略を模索しながら成長を続けるのではないでしょうか。勿論その際にはこれまでの物流モデルも機能追加や修正が施され、フルスピードで利用されることでしょう。

**参考文献**

[4] How Zara became the world's biggest fashion retailer. 20 October 2014. Graham Ruddick. accessed 5 April 2016

https://www. telegraph. co. uk/finance/newsbysector/retailandconsumer/11172562/How-Inditex-became-the-worlds-biggest-fashion-retailer.html

# 第3章

# 定番の物流問題：拠点配置

　筆者らはこれまで数多くの物流問題の相談を受け、コンサルティングやシステム開発を経験してきました。そのなかで2種類のタイプの物流問題が多くの企業での関心事となっています。これらを物流問題の定番として説明します。

　一つは**拠点配置**と呼ばれる問題で、物流拠点（工場、倉庫、配送センター、営業センターなど）の配置をどう決めるかというものです。外部の部品ベンダーや納入先の顧客を除いて、自社の物流拠点をどこに置くか、その数や大きさ、拠点間の輸送をどうするか、等が最適化の対象になります。さらに、このような観点から全体の物流ネットワーク構造をどう最適化するのかという問題がその背景にあります。工場や配送センター以外の拠点の配置も関心事にはなりますが、通常は物流に特化して直接関係のある拠点の配置をどうするかというのが拠点配置問題です。

　二つ目は**配車問題**といわれるもので、拠点間の配送や配送センターのような在庫拠点から顧客先への配送をどうするかというのが対象になります。宅配便や路線便のように、完全に配送を外部業者に任せる場合については、どの業者のどのサービスや運賃を利用するかという問題に帰着します。一方で、自社トラックや傭車でも専用車を利用する場合には、配車問題として各車両と運転手のルートやスケジュールの決定が必要になります。配車問題という場合には通常後者のケースを意味することが一般的です。但し、場合によっては両者が混合しているケースもあり、その場合はどの顧客への配送を宅配便・路線便に任せて、残りをどう配車するかというタイプの問題になります。外部サービスはいつでも使えるという前提であれば、全体の配送問題は常に混合問題としてとらえることができ、それぞれの問題は配車問題の両極端と見なすこともできます

拠点配置も配車問題も、それぞれに片方が後ろに隠れていることもあって、お互いが無関係ではありません。只、拠点配置という場合には拠点の位置や数を変える必要性があるので、中長期的な問題として設定されるのが普通です。それに対して、配車は日次や週次の問題として解かれることが多く、短期のスケジューリング問題とみなされることが多くなります。

## 3.1　拠点配置問題とサプライチェーン

拠点配置問題とは

拠点配置問題を簡単に言えば、**物流拠点**（工場や配送センター）をどこに置けばよいか、という問題です。また、単に位置を決めるだけではなく、物流に関する種々の機能を決める必要もあります。例えば、拠点数や拠点の大きさ、各拠点での担当製品、拠点の製品ごと最大生産量や処理数、拠点間の輸送方法（頻度や利用業者）、上流拠点と下流拠点との関係、最終配送センターの担当顧客地域なども同時に決めるような問題となります。更に、対象ネットワークの範囲としてどういう地域（地方、日本、アジア、世界全体、等）を設定するのかという考慮もあります。内容や対象地域の如何にせよ、拠点配置問題では必要な製品を顧客へ一番効率よく届けるためには、どのような拠点の配置と配送方式がよいのかを見つけるのが分析目的になります。

**図3-1**は、一般的な製造業でのサプライチェーンを単純化して示した絵です。ここでは物は左から右へいくつかの拠点を通じて流れています。左端の拠点では製品の構成要素となる原材料や部品が購入・配送され、倉庫や工場を通してそれらは製品となります。その後製品は何回か倉庫や配送センターを通じて顧客先に配送されます。

矢印は拠点間の輸送を表し、それぞれが運送会社の輸送（自社便も含めて陸送、海上、航空輸送サービスなど）を示します。つまり、一つの矢印に沿って物の輸送が行われ、使われる**輸送モード**に対応するタリフ表に従って輸送費用が発生することになります。

物流ネットワーク（サプライチェーン）をモデル化する

このような**物流ネットワーク**（サプライチェーン）を拠点の種類によって区別

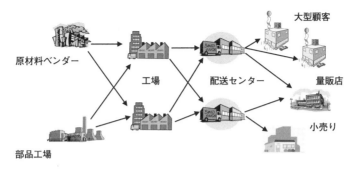

図3-1　物流ネットワークのイメージ

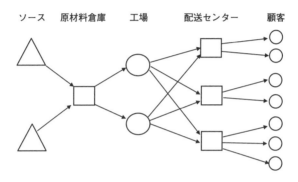

図3-2　サプライチェーンの概念図

し、機能別に拠点を分類し作り直したのが**図3-2**です。尚、物流ネットワークの構造は様々あるので、全てのサプライチェーンがこの絵のようになるわけではありませんが、よく見られる一例と考えてください。

　図3-2で、拠点を表すノード（三角や四角、丸などの白い点）では、物が加工されたり処理されたりします。左端のソースとあるのは、原材料や中間製品の調達サイトで、原材料・部品を製造しているベンダーやその調達先を意味します。原材料倉庫とは原材料を購入し自社内で在庫する場合の倉庫を意味します。

　製品は**工場**（上記では白丸）で作られるので、工場から左の部分では原材料や半製品の物の流れを意味しますが、工場から右の部分は製品の流れを意味します。アセンブリ型の工場では、部品を集めて完成製品を作るので、製品1単位に対してどれだけ部品が必要なのかを設定する必要があります。この製品ごとの部品必要数は、**部品展開表**（Bill of Materials, **BOM**）と呼ばれます。

工場の次にある四角は**配送センター**（以下 **DC**, Distribution Center）を表し、工場から製品を受け取って在庫をし、顧客注文に応じて配送を行う倉庫を示します。

　図3-2のように、DC が一層構造をとる場合（つまり製品が工場から顧客に到着するまでに1か所の DC を通過する）もありますが、より複雑な二層構造以上の場合もあります。後者の場合、最初の DC は地域全体の大規模な配送センターを意味しセントラル DC と呼ばれたりします。2番目以降の DC はリージョナル DC と呼ばれ、より小さな地域を担当する配送センターを意味します。例えば関東全体を担当するのがセントラル DC で、各県にあるのがリージョナル DC というような関係になります。セントラル DC は**一次倉庫**とか**中央倉庫**、リージョナル DC は**二次倉庫**とか**地方倉庫**という呼び方をすることもあります。

　右端の点は、製品の最終的な納入先である顧客を示し、配送センターから製品がそこに配送されれば物の流れは終了します。顧客は所謂一般消費者ではなく、顧客企業の倉庫であったり、一般店舗であったりする可能性もあります。尚、工場から直接顧客へ配送をする場合もありますが、その場合はモデル上では同じ建物（あるいは敷地内）に工場機能と配送センターの機能が同居していると考え、工場と DC を分けて考えることとします。

　原材料や製品が左から右へ流れるに従って、物流コストが発生することになります。主な物流コストとしては、輸送費用、在庫費用、工場での生産コスト、DC での入出庫費用や保管費用、拠点での人件費用などです。工場や配送センターの拠点では、分類により固定費用と間接費用に分けて分析することが行われます。勿論、物流費用にはさらに細かな項目が含まれることも考えられますが、拠点配置の最適化を考慮する場合には、あまりに細かな項目については省略することが合理的です。具体的なデータ項目については、後述の「分析用データの準備」を参照してください。


拠点配置問題は中長期計画となる

　サプライチェーン全体の最適化の中で、拠点配置問題は全てのオペレーションへの影響度が高い設計問題と位置づけることができます。他の物流問題と異なり、拠点配置は通常中長期計画とされるので、あまり頻繁には実施されません。例えば毎日配車問題を解くことはあっても、毎日拠点配置を解いて実施すること

はなく、年に一度とか数年に一度のような頻度となることが普通です。

　配置問題の大きな要因の一つが顧客需要なので、出来れば顧客需要の変化に応じて頻繁に拠点を変えるのは望ましいのですが、変更の手間と費用との兼ね合いで頻度はやはり制限されます。

　但し、拠点配置問題を解く時期になると連日連夜データと企画案の格闘になり、数か月間答えを求めて拠点配置モデルを回すこともあります。できれば、拠点配置分析用のデータとモデルを普段から用意して、必要に応じて素早く分析ができる体制を作っておくのがお勧めです。また、物流コストの削減以外にも種々の分析を必要とすることもあるので、システム的な取り組みを行うのが望まれます。そのような取り組み方については、サプライチェーン・モデルを解説した後でさらに考察します。


## 3.2　分析例

　いくつかの産業でのサプライチェーン構造とその特徴を以下に記述します。


### 自動車のサプライチェーン

　自動車（完成車）のサプライチェーンは、部品工場からスタートします。ガソリン車の場合には、部品の数が何万となる可能性もあり、複数のベンダーが関与します。これらは上記ではソースとしてモデル化され、部品を完成車のアセンブリ工場まで輸送することが行われます。特に国内のジャストインタイム（JIT）工場の場合には、部品の集約倉庫は設定せずに部品メーカーから直接アセンブリ工場へ配送されることが多いようです（逆に部品ベンダーのサプライチェーンには集約拠点がある場合が多い）。工場でアセンブルされた完成車は、一時的な倉庫や格納場所に在庫される場合もありますが、そのままディーラーへ配送されることもあります。その場合、工場に隣接する在庫場所とか、一時在庫拠点が配送センターとして設定されることになります。最終顧客としては、ディーラーの店舗や特定の大型顧客のデポ、オークション会場等が含まれます。


### 石油製品の場合

　石油製品の原材料である原油の調達先は海外なので、石油産業のサプライチェ

ーンは中東などの産油国から始まることが多いです。その後タンカーによる輸送を経て原油の備蓄基地に運ばれ、さらに製油所に送られます。

　石油のサプライチェーンで特徴的なのは、自動車や家電製品などのアセンブリ型サプライチェーンと異なり、原油という一つの製品から複数の石油製品（ガソリン、ディーゼル、灯油、重油など）が作られることです。この場合、原油と石油製品の関係は歩留まりという形で表現され、原油の1単位からどれだけ石油製品が生成できるかという割合で示されることになります（例えばガソリンは0.5、重油は0.3など）。従ってアセンブリ型の製造にある部品展開表（BOM）の代わりに、原材料と製品の割合を示す**歩留まり表**を定義する必要があります。

　石油のサプライチェーンに似たものとしては、石油化学製品やほかの化学製品などがあります。また若干変わり種としては、人の血液から作られる医薬品もあり、そのサプライチェーン構造は石油の場合とよく似ています。


　種々の分析例

　このようなサプライチェーンでは、常に効率的な構造は何かが問われます。つまり、必要な物理的制約を満たしながら、全体の物流コストを最小にするネットワーク構造は何かが問題となります、無駄な物流コストを削減すべく、工場や配送センターの位置や数を最適化し、拠点間の輸送モードは何かを求める分析内容となります。

　このようなサプライチェーンの種々の問いかけに答えるべく、ここでは企業でよく行われるプライチェーン分析例について紹介します。

**①配送センターの統廃合**

　分析で一番多くみられるのは、配送センターを新規に追加したり、統廃合を企画したり、廃棄を考えたりする例です。特によく見られるのは、需要増加に伴って配送センターを追加したい場合、どこに設置するのかという案件です。多くの場合は一つの地域に限定することが多く、日本や世界全国を見直すことではないので限定的な分析になります。逆に何らかの原因でサプライチェーン全体の見直しを行う場合、配送センターの位置やその数が問題になりがちです。例えば、生産拠点の増強に伴い配送センターの数も増やしたい場合とか、需要減少に伴っていくつかの配送センターを閉鎖したい場合がそれにあたります。また、関税や貿易条件が変わったとき、例えばNAFTA（北米自由協定）や

USMCA（米国、メキシコ、カナダ協定）の発効時期、M&Aによる合併、事業の海外進出による国内拠点の見直し等がきっかけとなります。更に新製品の投入や新規販路の開始等の際にも配送センターの統廃合が起こる可能性があります（参考文献［3-1］）。

## ②工場の統廃合

配送センターの統廃合程頻繁になくても、工場の新設や移転の場合にもサプライチェーン全体の見直しが行われます。工場の配置を変える場合には、同時に工場に紐づく配送センターの見直しを行うこともよく行われます。工場の新設がなくても、製品に関する変更（新製品の投入や既存製品の中止など）がある場合も、拠点も含めたサプライチェーン分析となることがあります。

## ③原材料の一括購入

実際にあった例ですが、原材料を複数の工場でバラバラに購入する代わりに、企業全体として一か所でまとめて購入し、その後自社で各工場へ配送することが検討されました。原材料の配送センターの設置費用や、一括購入による原材料購入コストの削減など、種々の要素を考慮してネットでどれだけコスト削減が可能かを分析します。原材料配送センターの位置や輸送コストなどもパラメータとして与えて分析することが必要となります。

## ④新規物流センターの設置

これは上記の①の特殊なケースにもなりますが、新しい配送センターを設置して需要増加に備える場合や、営業の強化に資する場合などが考えられます。また新拠点で自動化などの最新設備を導入する際には、その投資効果やサービス内容の検証、投資オプション毎の予想コストの比較分析をすることもあります。ロジスティックスをアウトソースして外部ベンダーの拠点とサービスを利用する場合は、自社運営の配送センターと外部委託との比較が行われ、短期と長期のコストの比較も必要となります。

## ⑤輸送モードの変更

工場と配送センター間などの主要な輸送区間（幹線区間）で、トラックだけではなく鉄道コンテナやフェリーを使った輸送に切り替えることが考えられます。その際に、特定区間の輸送費用が下がる場合には、当該配送センターを拡張して他の配送センターへの中継基地とすることも考えられます。このような場合、結果として全体の物流ネットワークが連鎖的に変わる可能性もありま

す。また輸送モードの分析には単にコストの比較だけでなく、各輸送モードの
リードタイムを考慮することも重要です。これは単にコストを下げるだけでは
なく、顧客への配送サービスの質的向上や劣化も考慮すべきで、微妙なトレー
ドオフになる可能性もあります。

⑥**緊急時の物流シミュレーション**

企業を取りまく環境が変化することが多い際は、サプライチェーン全体の見直
しが頻繁に要求されます。近年多くなっているのは、災害や緊急時のリスクを
回避するために、種々の環境変化にも耐えうるレジリエントなサプライチェー
ンの形は何かという分析です。地震、台風や洪水等によって幹線ルートやある
地域全体の配送ネットワークが使えなくなるような緊急時の際に、どうやって
全体のサプライチェーンを保てるのか、どのような代替拠点やルートを考慮す
べきか等の分析を平常時にしておく必要があります。詳しくは参考文献 [3-2]、
[3-3] 等を参照して下さい。

⑦**中継地点の投入分析**

複数の倉庫間輸送（「**横持**」などと呼ばれることもある）がある場合、どこか
一か所の拠点に**クロスドック**を設定し、配送すべき製品を集荷してクロスドッ
クに持ち寄り仕分けを行った後に、納入専用車で顧客先へ配送することもあり
ます。その際に、どこにクロスドックを配置すべきか、その規模はどれだけに
なるのか、全体の配送コストはどうなるのか等の分析をする必要があります。
納入リードタイム（余裕時間）と配送コストの関係で、クロスドックの最適な
位置と規模が決定されます。

⑧**在庫ポイントの分析**

顧客への納入リードタイムが短く、遅配に対するペナルティーが厳しい場合
に、最適在庫量の計算と共に、在庫ポイントの配置や処理能力を変えたりする
ことがあります。例えば、食品や飲料が製品の場合などがこれにあたり、単に
顧客リードタイムだけではなく、在庫期間にも制約がある場合など、拠点配置
の見直しが頻繁に行われる可能性があります。

⑨**運用業者の中継ネットワークの見直し**

製造業以外の例としては、宅配業者や自動車輸送業者が全国配送ネットワーク
を展開して輸送をする場合、中継拠点の位置と数が見直されることがありま
す。特に右肩上がりに需要が伸びている場合とか、逆に不況による需要減が起

こる場合、拠点の増減が検討されることがあります。地方で小規模に始まったような運送業者ながら急速にビジネスが立ち上がり、それに伴い物流ネットワークも全国規模になったようなケースでは、拠点配置はその時点時点でのパッチ的な対処で非効率に成長してしまうこともあります。その結果、後には全体を再検討するのが極めて難しくなるので、成長段階の初めから最適化を行い随時検討することが望ましい形です。

## 3.3　基本ロジック

ここでは、拠点配置問題を解くための基本ロジックを解説します。まずは話を分かり易くするために、配送センターの配置のみを考え、その数と場所を決める問題に限定したケースを考えます。

### 配送センターの数と位置

配送センターの設置目的は、製品を一旦在庫して複数製品を取りまとめて最終顧客に迅速に届けることです。ここで「迅速に」という意味ですが、顧客から注文があった際に、あまり時間をかけずに（通常数時間程度から数日程度まで）届けることを意味します。そのような猶予時間については、製品種類や企業によってまちまちですが、顧客の期待を満足させ製品が無理なく届けられるような値を意味します。このように顧客からの注文から製品到着までの時間を**リードタイム**と呼んでいます。通常リードタイムには上限があって、その上限以内に製品を届けることが要求されます。従って、各配送センターからそのすべての担当顧客までのリードタイムが、決められた上限以内に収まるような配置にする必要があります。

例えば、全米を対象とした某ピザ・チェーンレストランの場合、ピザ生地を新鮮に保つために、その配送リードタイムは8時間以内と決められていました。ということは、各配送センターは担当レストランに8時間以内に配送できる位置になければなりません。特に配送トラックで混載する場合には、直送で8時間のところにある顧客が多ければ、配送効率が悪くなる恐れもあるので注意が必要です。

混載の可能性も考慮した上で、全顧客のある地域を担当エリアとして考察する

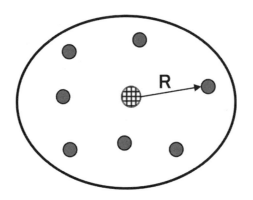

図 3 - 3　配送センターと担当エリア内顧客の関係

場合に、配送センターからの最大片道時間を設定します。これを R とすれば、配送センターから担当するすべての顧客に R 時間以内に到着できるものとなります（**図 3 - 3** を参照）。

　配送センターの位置と数を決める際には、どの顧客をどの配送センターに割り当てるかということも同時に決めなければなりません。つまり、全ての顧客を担当配送センターから R 時間内にあるように、配送センターを配置する必要があるということになります。

　このリードタイム制限によって、全体地域（日本全体とか全米など）をカバーするのに必要な配送センターの最小数が決まります。更に、もう一つ考慮すべき点は、配送センターの処理能力と担当顧客の総需要量です。つまりリードタイム制限からしてある地域に配送センターを設定することができても、その担当する顧客の需要総和が多すぎれば、配送センターの処理能力を超えてしまうかもしれないということです。その場合には、担当地域をさらに分割して、2 個以上の配送センターを設置することが必要になります（**図 3 - 4** を参照）。

担当エリア内での配送センターの最適場所

　では、処理能力が十分にある配送センターの担当エリア内で、配送センターはどこが最適な場所でしょうか。単純には担当エリアの「中心」が一番良いと考えられます。「中心」からすべての顧客までの移動距離が最小になれば、リードタイムと配送コストの観点からも一番よさそうです。

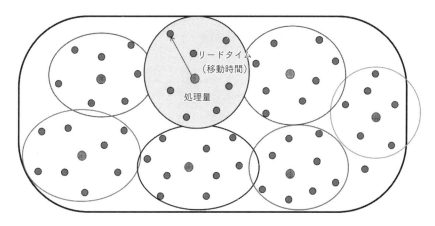

図3-4　全体地域内での配送センターの配置イメージ

　では、その「中心」とは何を意味するのでしょうか。通常、「中心」とは**重心**ということで、担当エリア内の顧客の位置の平均値を求めればよいことになります。単純には全ての顧客サイトの緯度経度の平均値を計算することが考えられますが、この計算方法ですと、配送センターから顧客サイトまでは直線距離で測られると仮定していることになります（図3-3参照）。

　しかしながら、配送センターから顧客サイトまでは実際の道路に従って移動するわけで、直線距離に基づく平均値を求めてもあまり意味はありません。例えば、担当エリア内に川が流れていてその川を渡る橋の場所が限られている場合とか、高速道路が担当エリア内にあって、その出入り口が限られている場合などでは直線距離で移動できるわけではありません。その場合には、直線距離を使わずに、道路ネットワークに従った移動距離を使って担当エリア内での配送センター最適場所を計算するのが良いということになります（**図3-5**参照）。尚、移動距離の代わりに移動時間を使っても考え方は同じです。

　ここで、道路ネットワークとは、実際にトラックが利用する高速道路から狭い路地裏の道路までを含むすべての道路をつないだネットワークという意味です。このような道路ネットワークはカーナビでも利用されるので、交差点群と交差点と交差点間の区間として定義され、データとして入手できます（**図3-6**参照）。この道路ネットワークについては、後述の配車セクションでさらに詳しく解説します。

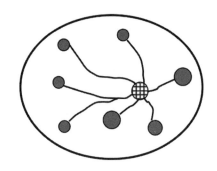

図3-5　担当エリア内の重心イメージ

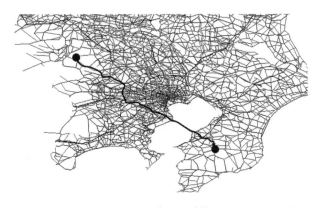

図3-6　道路ネットワークを使った2点間のルートのイメージ

　道路ネットワークに従った移動距離とか移動時間は、出発地点と到着地点が分かっていればソフトウェアによって比較的簡単に求められます。従って、もし新規配送センターの候補地が予め分かっている場合には、それぞれの候補地から顧客までの総移動距離を求めることはそれ程難しくはありません。それぞれの候補地に配送センターを置いたと仮定して、道路ネットワーク移動距離に従った配送コストを求めれば、その候補地からの総配送コストの計算はできます。

　一方、配送センターの候補地が決まってない場合には、計算は単純ではありません。つまりどの場所が顧客への総移動距離を最小にするか、という最適化問題を解かなければならないからです。これには実はいくつかの方法があって、厳密な意味での最適化は難しくても、実務的に問題ない場所を短時間で決める方法やソフトは存在します。簡単にいえば、担当エリアでいくつかの場所を限定的に選

び、その中から道路距離を使って最適な場所を見つけだし、その後選ばれた地点の周辺でさらに詳細に探索するようなやり方です。

　ここで注意すべき点は、全ての顧客が同じ量の注文をするのではないという点です。例えば、もし担当エリア内に大口の顧客がいて、その顧客への配送が大半を占めるような場合には、その顧客の近くに配送センターを置いた方が、全体の配送コストを最小にすることができます。例えば図3-5では、右側に大型顧客がいるので、中心より少し右に寄った拠点配置となっています。

　これを踏まえて、配送センターの位置決めをする場合も、荷量を考慮して総移動距離を最適化することが望まれます。つまり、担当エリア内の総トンキロ数（移動距離に積載重量を乗じたもの）を最小化することとなります。これを重心計算でいえば、単なる顧客サイトの緯度経度の単純平均ではなく、顧客ごとの荷量を加味した加重平均値をとることを意味します。

　尚、加重平均を計算する際の配送量については、年間実績なのか季節実績なのかとか、過去実績をそのまま利用するのか、何らかの将来需要予測に基づくものなのか等、考慮すべき点はあります。もし気になる場合は、需要を複数パターンで設定し計算結果を比較することが望まれます。

　最小化する対象については、重量と移動距離の積算である総トンキロを使うよりは、実際の輸送コストの最小化を図りたいものです。只、それには輸送運賃のタリフ表が関係してくるのでより複雑な計算が必要です。特に担当エリア内で複数の運賃が存在するような場合には、厳密な計算はかなり困難です。なので、例えば一つの代表的な運賃タリフ表を前提として、需要量と道路ネットワーク距離に合わせて総輸送コストを計算すること等の近似方法がとられます。


担当エリア内と工場との関係

　顧客への配送コストを考えて配送センターの位置を決めたい場合は、上記のような考慮が必要ですが、工場から配送センターまでの配送コストはどう関係するでしょうか。サプライチェーン全体の輸送コストを最小化するためには、実は顧客への配送コストのみを考えると手落ちになりかねません。

　工場から配送センターまでの輸送（以下、**幹線輸送**）には、通常大型車が使われることが多く、顧客先への配送（**末端輸送**）で使われるトラックよりもより大型の車両が使われることがよくあります。従って、幹線配送の単価はより安いか

もしれませんが、基本的に末端輸送と同じ量だけ配送センターに運ばれるので、やはり全体の配送コストを最小にするような配送センターの配置が望まれます。

更に同じ問題が工場の配置でも考慮されるべきことが分かります。例えば、大きな需要地で大都市の近くに工場に設置すべきか、場所の離れた地方に工場を設置すべきかと悩むところではないでしょうか。このような問題は配送センターにも同じことが言えます。

分かり易い例で考えると、原油を中東で購入して石油製品を作る場合に、製油所をどこにおくか、また製品を貯蔵する油層所をどこに置くかという問題にもこれがあてはまります。これにもいろいろのやり方が合って、中東からの航路の途中（例、離島等）に製油所を置く場合や、大都市の近郊に製油所を置く場合もあり、それぞれ特徴があるので単に物流コストだけでなく種々のメリット・デメリットから判断することになります。

工場と配送センターを両方考えた場合には、一般的に配送センターの位置はどこが最適という簡潔なルールはなくて、ケースバイケースで決めなければならないということになります。具体的には、本書の場合は後述のサプライチェーン全体モデルを作って最適化を図るのが良いというお勧めになります。とはいえ、上記のような加重平均をとるやり方については、追加で作る配送センターとか、顧客へのサービスを重視する場合などには大変参考になるやり方といえます。


## 3.4　最適化モデル

上記のような様々な物流の問題に対する分析ツールとして、**拠点配置最適化モデル**があります。これは**サプライチェーン・モデル**とか、**物流ネットワーク最適化モデル**とも呼ばれています。ここではその基本的な内容について解説します。

尚、拠点配置モデルという場合には、主に拠点をどう配置するかという分析のためにモデルが使われることを意味しますが、同じモデルを他の目的で使うこともできるので、以下では一番広義の意味でサプライチェーン・モデルという呼び方をします。

まずネットワークとしては、**図3-7**を見てください。この図は先の概念図を再度まとめたもので、物は左から右へ矢印に従って移動し、通過する拠点で製造や在庫などの処理が行われます。具体的には、一番左の拠点（ソース）で出発す

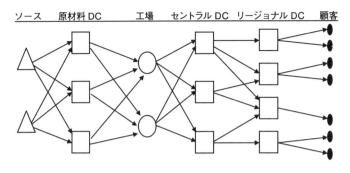

ソース　原材料 DC　　工場　セントラル DC　リージョナル DC　顧客

図 3-7　典型的な拠点配置の物流フローモデル

る際には、原材料として物が投入され、それが原材料 DC を経て工場で組み立て
られて製品となります。その後工場の右側では製品として流れて最終的に顧客へ
配送されます。

　尚、全ての原材料や製品を考慮すると膨大な製品数や拠点数になる場合もあり
ますが、その簡略化方法については後述するので、ここでは関心のある原材料や
製品についてのみモデル化したのが図 3-7 となると考えてください。

### サプライチェーン・モデルの期間

　このようなサプライチェーン・モデルを考える場合に、まず決めなければなら
ないことは分析対象とする**期間**の設定です。つまりモデルによる分析なので、そ
のモデルが適用される期間を明らかにする必要があるということです。拠点配置
のような中長期的な計画問題の場合には、時間単位、或いは日単位の物の動きま
でを計算することは詳細すぎるので、月単位とか年単位での物の動きを知ること
が一般的です。つまり月単位とする場合、図 3-7 で一つの工場から各配送セン
ターまでの輸送量は 1 か月分を考慮するという意味になります。また、一番右側
の最終顧客では 1 か月分の製品需要が対象となります。

　各拠点で在庫をもつことは可能ですが、在庫滞留時間が極端に大きくなる場合
を除いて、ここでは拠点での在庫については平均在庫を計算する程度で簡略化し
ます（正確に言えば、在庫の最適化については専用の別モデルで計算する方が適
切です）。つまり、期間を月単位としているので、日単位で変化する製品在庫の
動きは考えずに、月単位での平均在庫のみ費用計算の対象とすることが妥当で

す。

　ここで紹介するサプライチェーン・モデルは、1期間モデルです。つまりすべ
ての計算が1か月間の送料や平均に対して行われるということで、月別の変動な
どについては対応しません。尚、季節毎の変化を見たい場合には、季節毎に複数
のデータを準備して複数回モデルを実行する必要が出てきます。またどうしても
月別の在庫推移を見たい場合には、多期間モデルを作成することも可能です。但
し、単期間モデルにくらべて多期間モデルはデータの準備や答えの解釈について
かなり手間がかかることが多く、初めは単期間モデルで分析をするのがお勧めで
す。

　また月別の変動が多い場合には、期間を6か月とか1年としたモデルを作ると
か、平均的な月を選んでモデルをつくり、同じモデルで顧客需要の値を変化させ
た複数シナリオで総物流コストの動きを見たりします。このような**感度分析**によ
り、季節間の変動の影響も考慮することができます。


費用について
　各拠点での処理については、種々の物流費用がかかるものとします。一般的に
は拠点を運用するための費用として、**固定費用**（設備費、製造費用、賃貸費用、
人件費など）と**変動費用**（入出庫費用、加工費用など）に分けて費用が加算され
るものとします。ここで固定費用と変動費用の分け方としては、拠点で製造や処
理される製品量に応じて変動するコストを変動費とし、製品量にかかわらず一定
の費用となるものを固定費用とみなします。尚、人件費などでは、物流に応じて
増員したりするので、ある程度物量によって変更させたい場合には、変動費に入
れることも可能です。

　図3-7で拠点間の矢印は物流フローを示しますが、モデルでは矢印上で物が
動くたびに何らかの輸送コストがかかるとします。工場までの輸送は原材料を対
象としており、工場以降のフローについては製品輸送を考えます。各矢印での輸
送コストは何らかの輸送サービスが関係するとし、対応する運賃表から輸送コス
トが計算されるものとします。


拠点での物流制約
　各拠点では通過・処理する物量に制限があるものとします。例えば工場ではそ

れは生産能力であり、製品ごとの製造量の最大値やライン全体での総生産量がこれに相当します。ここでも最大量は単位期間に対してという意味なので、月次モデルであれば月間の最大生産量という意味になります。

原材料の供給地（図3-7では左端の拠点）の場合、原材料の最大供給量があればその値を上限とします。勿論原材料の種類別に最大量は設定される必要があります。

配送センターの場合は、物流制約は入出庫の最大処理量や在庫スペースの制約ということになります。在庫スペースでは、製品ごとに在庫の場所が決まっている場合については、製品ごとに設定される必要があります。原材料や中間製品を在庫する倉庫の場合も同様で、入出庫処理量の最大数や、在庫スペースで制約がある場合にはそれぞれ最大値を設定します。

最終顧客先では製品ごとの需要量の設定をします。これは各製品の納入予定量で、月単位モデルであれば1か月分の製品需要にあたります。


最終顧客について

製品の最終目的地が倉庫や工場といった明確な地点であれば、そのままモデル化することができますが、販売のラストワンマイルが含まれる顧客など不特定多数のサイトがある場合には、若干の工夫が必要です。例えば、最終顧客として一様に広がっている場合には、地域別にグループ化するとか、主な地点を選んで代表とするなどの方策があります。また販売額や需要量によってランキングしトップ数十か所だけ直接モデル化し、残りは地域別に集計することも行われます。特にこのようなケースでは、全てのデータを整合性のあるものにしようとすると余分な手間がかかる危険性もあるので、初めから完璧なモデル化を目指さないことも重要です。


計算ロジック

上記のようなデータを準備して、サプライチェーン・モデルでは製品ごとの物量（フロー）を計算します。物流フロー計算の大前提としては、各拠点ではすべての入荷物量が出荷物量と同じになるようにします。

まず工場では、原材料（部品、原料、中間製品、など）の入荷量が、製品の出荷量と整合性が取れている必要があります。つまり、工場では入力が原材料や中

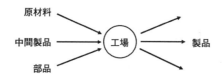

図3-8　工場では原材料入荷と製品出荷は同量になる

間製品であり、一方で出力は製品数なので、製造される製品量に含まれる原材料や中間製品の総和が、入力される原材料の総和に等しくなることが要求されます（**図3-8**参照）。

　この場合、製品ごとにどの原材料や中間製品をどれだけ使うかという数値を予め登録しておく必要があります。このような製品ごとの構成部品量は、**部品展開**（BOM）と呼ばれて、製造業では広く利用されている概念です。実際の部品展開図は、複数の層になっていて複雑な構造を持っていますが、どこまで正確にそれを展開するかは、部品や製品の重要度に依存すると考えられます。そもそも拠点の配置を決める目的のためには、あまり複雑な構造をモデル化すると必要以上に手間がかかり、膨大なデータの準備と確認、結果の検証等で格闘することになるので注意が必要です。

　配送センターや倉庫では、製品の入荷量と出荷量が等しくなるようにします。実際は月次モデルであっても入荷量と出荷量が等しくなることは稀でしょうが、それを詳しく計算に反映させるには、在庫量の計算が導入されることになり、現モデルでは対応しきれません（勿論期間の概念を取り込んだ多期間モデルを作ることもできますが、必要データ量と計算ロジックは格段に難しくなるので、ここではまず単期間モデルに限って議論しています）。それを踏まえて、工場やほかの配送センターからの製品入荷量は、他の配送センターや顧客への出荷総量と同じになるようにします（**図3-9**参照）。

　このような物流フローの保存により、顧客の製品需要より出発して各拠点での製品フローが計算できることになります。物流フロー計算のロジックについては、後述の「準備データを使った手計算」を参照してください。

　最適物量の計算のためには、拠点間の物量に対して費用の計算が必要となります。これは物量に合わせて、その輸送を担当する運送サービスの運賃表があるはずなので、それを適用して計算します。例えば、月間の物量が40トンであれば、

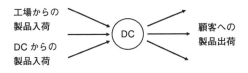

工場からの
製品入荷

DCからの
製品入荷

DC

顧客への
製品出荷

図3-9　工場では原材料入荷と製品出荷は同量になる

10トン車で4回配送する際の運賃を4倍します。もし月間物量が42トンの場合はどうでしょうか。勿論5回分として10トン車運賃を5倍しても良いのですが、通常は満車で輸送していることを前提とすれば月またぎで満車分の費用を払うわけで、それゆえ4.2倍とすることが適切と考えられます。

### ソフトウェアによる最適化計算と投資効果

これまででお分かりのように、上記の最適化計算を全てExcel上でデータをセットして表計算機能を使って行うことは大変面倒になります。しかも、どこかにエラーがある場合にはその発見も大変難しくなります。

その意味で上記のようなサプライチェーン・モデルをはじめからモデル化して使えるようにセットしている専用ソフトを利用する方がお勧めです。特に規模が大きい場合には、ソフトウェアを使った最適化効果に比べてソフトウェアの購入費用や使用料は格段に小さくなることが多いです。またデータの準備やモデルの作成にかかる時間は貴重なものなので、機械的な計算ロジックの部分は専用ソフトに任せて、それから得られる結果をどう評価し、いかに実行計画に結び付けるかに時間を割いた方が得策と考えられます。只、より単純なケースについては、Excelでモデル化することも可能なので、なかなか一概には言えませんが。具体的な例や投資効果については後述する実例をご参照ください。

### 最適化モデルの概要

ソフトウェアによるサプライチェーン最適化モデルの中味はどのようなものでしょうか。それは基本的には上記要件が**連立一次方程式**として定式化されて、種々のデータやパラメータを与えることによって一つの数理計画モデルとして定義されるものです（第5章の「エクセル・ソルバーによるモデル構築」を参照）。モデルで使われる変数は各拠点間の製品フローで、各拠点に入るすべての製品フ

ローの総和がその拠点から出る製品フローの総和に等しいという制約式が一次方程式の中味になります。

　本書では方程式の中味については詳しくは解説しませんが、概要については次のようにまとめることができます。

最小化目的関数：総物流費用＝輸送コスト＋拠点固定費用＋拠点変動費用
制約式：　　　　倉庫での物流量　　　　≦倉庫の最大処理量
　　　　　　　　在庫拠点での平均在庫量≦在庫拠点の最大在庫量
　　　　　　　　工場での生産量　　　　≦工場での最大生産量
　　　　　　　　拠点間輸送　　　　　　≦担当輸送サービスの最大輸送量

　通常の製造業モデルでは、変数の数が数千から数百万程度になることもあります。また制約式の数は数千から数万程度となります。大きなモデルになればなるほど人手で解くことは不可能であり、専用のソフトウェアにより解くことが不可欠となります。特に最適化の部分で、変数と制約式を生成した後に連立一次方程式を解く機能は、**線形計画法**という手法を用いたソフトウェア（ソルバー）を利用することが一般的です。

　専用のサプライチェーン・モデルでは、ソルバーが予めリンクしてあり、ユーザーはデータを編集した後にワンクリックでソルバーを呼び出すことができるようになっています。

　ここで注意すべきは、なぜ専用の最適化ソフトを用いる必要があるのかという点です。実はサプライチェーン・モデルは多数の制約式があるとはいえ、一般的には条件を満足する答えが無限にあるという事実に基づきます。つまり、拠点の設置やそれに伴う物流のやり方は無限に近くあって、その中から一番効率の良い答えを見つけることは非常に難しいという点です。なので、例えば長年同じ問題を手計算してきた「名人」の答えも、無数にある答えの中の一つにすぎず、他の実行可能な答えとどのように違うのかは具体的に比較しないと分からないということなのです。多分多くの場合、名人解はある程度良い答えにはなっているのでしょうが、どれだけ最適な答えから乖離しているのかとか、条件が異なる場合に同じような考えで良いのか等、モデルを使って正確に評価しない限りその最適性は不明であることに変わりはありません。場合によっては、極端に最適値から離

れている可能性すらあります。

　それに対して、ソルバーによる答えは数学理論に基づくアルゴリズムにより機械的に計算しているので、モデルの設定パラメータや費用計算のロジックが正しい限り、最小コストの答えが保証されているというメリットがあります。勿論何を最適化すべきとか、全ての費用項目が考慮されていないとか、数値化しにくい現場での考慮がある等、微妙なトレードオフがあるというのも確かです。それらを無視した答えがソルバーから返ってくると、モデルそのものの妥当性を疑うことにもなるのですが、設定について工夫を凝らし、モデルのパラメータ値やモデルの限界にも十分留意すれば、人間が期待するような答えが求まるのが普通です。

　この「ソフトウェア対名人」の問題は、AIソフトと人のかかわり方という哲学的な問いかけになりますので、これ以上深堀りはしません。只、データ量が多くなり考慮すべき項目が多い場合には既に人間の処理能力を超えることが多いので、モデル計算をした上で両方を客観的に比較検討し、メリット・デメリットを比べることが得策と思われます。


## 3.5　最適化の事例

　ここでは我々がこれまで実際に関係して分析を行った例について解説します。


### タイヤメーカーの北米 NAFTA モデル

　メジャーな某自動車用タイヤメーカーが、北米（カナダ、米国、メキシコ）を対象にして、配送センターの配置を変えた際に使われたモデルです。当時の状況としては、北米でNAFTAが合意され、メキシコやカナダから米国への輸入にかかる関税が無くなった直後ということで、当メーカーのサプライチェーンをどのように変えたらよいのかという見直し機運が高まっていました。また同時に配送センターの統廃合も行い、北米全体の物流最適化を行うべきという判断も加わりました。

　タイヤメーカーの具体的な工場や配送センター数は省きますが、北米で多数の拠点があったことは確かです。その際拠点の数はどう減らし、どの拠点を残してどこを併合するかというのは、単純な分析ではありません。当時はまだサプライ

チェーン・モデルは一般的ではありませんでしたし、タイヤメーカーでは製品輸送に関する特殊な費用計算方式があったので、独自のモデルを構築することとなりました。モデル作成の期間は約3か月程でしたが、一番手間のかかった作業は実データをどのようにモデル用に加工するかという点でした。特に実データを扱う際には、データの間違いや不整合、例外ケース等が多数みられ、どう整理するかで相当の時間がかかっています。

結局モデルができて最終的な分析が終わるまでは6か月程かかりました。その間毎日のように最適化モデルは実行され、何百というケースが作られて比較検討されています。

当時の計算機のスピードは現在のPCと比べて格段に遅かったので、1回のシナリオ実行には一晩かかることもあったのですが、一旦モデルを作ってしまえば、あとはデータを変えたシミュレーションをするだけなので、次々と感度分析のニーズが生まれて追加計算が行われました。そのような計算結果を踏まえて、後日拠点統廃合が実施されて拠点が一部統廃合されたという結果になったと聞いています。

## 業務用電機メーカーのジレンマ

世界的に有名な日本の某業務用電機メーカーの例です。その会社の製品はやや大型の電機製品で、飲食店を中心に国内隅々まで販売をしていた中堅会社の例です。受注方式で注文を受けていたそのメーカーは、当時注文毎に中部と関東にある2か所の工場から日本全国に直送をしていました。しかしながら、物流担当者の話では、直送により様々な不都合が起きているとのことでした。例えば、輸送が長距離になり途中で製品に傷がついたり破損したりすることがよく起きるとか、地方毎に配送担当の業者を変えているのでその管理が煩雑になるとか、配送単価も高めになってしまうなどの問題が起きていました。担当者の直観では、地方毎に配送センターをおいて、そこまで限られた運送業者の大型車で複数製品を運び、その後各地方で小型車による配送を行うというやり方がいいのではないかということでした。

その企業からデータを入手し拠点配置分析した結果は、やはり担当者の直観の通りで、約10から15％程度の輸送コストが削減できるという結果でした。コスト削減の度合いは配送センターの固定費用をどう計算するかにもよりましたが、そ

れを多めに見積もっても、5〜10％程度の物流コストが削減できそうであるという結果がでました。

　配送センター方式の課題としては受注から配送までのリードタイムをいかに増やさずにするかという点でしたが、配送センターでの滞留時間を減らす工夫をすることや、顧客へのリードタイムを予め余裕を持たせるなどの対応をすることによりクリアできるであろうということでした。むしろ、一番の問題はどう経営陣に説明し、いかに会社全体の合意をとって体制を変えるかということでした。日本の製造業に良くある話ですが、やはり営業と製造の間で物流の発言力は限られていて、物流の観点から全社的にシステムを変えるのは大変難しいという話でした。

　結果を踏まて、その後長期計画により大幅な改革に乗り出すというのが結論でしたが、このような場合は、やはり具体的な数値を示して、社内の賛同者を増やしながらアイデアを進めるというのが確実のようです。


## 飲料メーカーの倉庫配置問題

　国内の某飲料メーカーでの例です。飲料といっても、対象製品は水で、そのメーカーは専用の倉庫（自社と貸倉庫）を多数利用していました。飲料系ビジネスの常で、季節間の在庫戦略としては、春先から初夏にかけて在庫を増し、夏の間に年平均よりも多く売り上げを立て、秋から冬にかけて在庫を減らすという運用方法をとっていました。そのやり方はよいとしても、毎年担当者で問題になっていたのは、どの倉庫に夏用の在庫を作るかという点でした。さらに、そもそも倉庫の配置と数、サイズは妥当であるのかというのも疑問ではありました（参考文献［3-4］）。

　例によって、種々の実績データを提出してもらい、モデル分析を行いましたが、夏出荷用在庫についてはさほど自由度がなく、空いている倉庫を出来るだけ効率よく使うという程度の改善が見られました。逆に目立った問題は、倉庫間転送（**横持**）が異常に多くて、無駄な輸送費用が結構あるという点です。また、横持が発生することは、出荷時の FIFO ルールの維持が難しくなり、一部製品の廃棄にもなってしまうという悪影響が出てしまっているということでした。実績をもとにした物流フローをイメージ化したのが**図 3-10**で、横持の例として宮城倉庫や千葉北倉庫に複数の入力フローがあるのが確認できます。

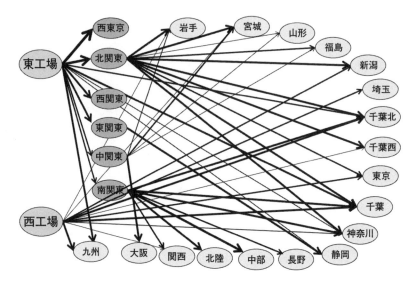

図 3 -10　飲料系メーカーのサプライチェーンと現状フローのイメージ

　ここでいう FIFO ルールというのは、飲料系製品の出荷ルールで、顧客先に納入する際、製品製造日付の逆転（ロット反転）が起きないように納入を持続させるという制約です。それゆえに、在庫がない時に近隣の倉庫から在庫を見つけて緊急輸送したりすると、顧客での製品日付が一挙に進んでしまい、その後の納入が難しくなるという現象が起こったりしていました。

　この企業の場合、問題であったのは倉庫の配置や数というよりも、その使い方、つまりその企業の顧客地域の割り当て方法や、在庫管理のやり方にもっと工夫が必要ということでした。特に、倉庫の数が多くなると、全体が見えなくなり近視眼的な利用方法で終わってしまうことも指摘されました。つまり現場ではごく近隣の倉庫との連携しか見えない場合もあり、地域全体の状況と今後について、予測を元にした全体的なシミュレーションを行うのがより正しい結果になるという結論でした。分析により不必要な横持を削減し、倉庫間のフローを最適化したのが**図 3 -11**のイメージ図で、例えば宮城や千葉北などの入力フローが一本化されて、本来不要なフローが削減されています。

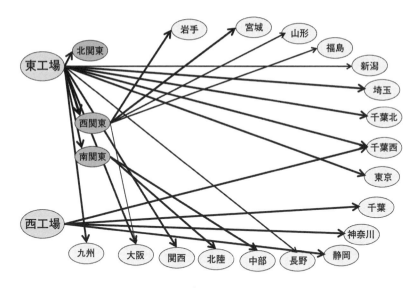

図3-11　最適化後のサプライチェーン・フローのイメージ

## 3.6　特殊例

　拠点配置問題として次の二例は特別な重要性を持っています。一つはクロスドックの設置方法で、拠点間の幹線輸送を行う場合には必ず考慮されるものです。もう一つは運送業での拠点配置で、これは通常の製造業の拠点配置と少し違う特徴を持ちます。それぞれ、物流ネットワークとしてよく見られるパターンなので、ここではそれぞれの特徴とモデリングの工夫について解説します。

### 3.6.1　クロスドックの配置

　クロスドックは複数の出荷地と納入先がある場合によく利用される仕組みです。クロスドックを導入せずに、全ての出荷地から全ての納入地へ輸送を行うとすると、大変非効率な配車結果となってしまいます。そこで中間点にクロスドックとして倉庫を設置し、集荷と納入を別々に行えば、無駄な配送を省けて積載率も上がり、集荷・納入とも柔軟なスケジュールを組むことができます。このようなクロスドックの概念は非常に有効なので、まずは基本的な考え方を説明します。

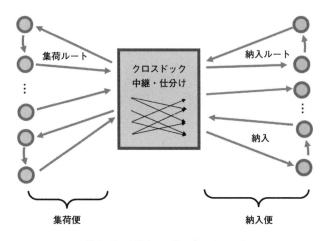

図 3 -12　中継クロスドックのイメージ

　複数の出荷地と納入先がある場合で、全ての出荷地から全ての納入先へ製品が配送される時には、中心に中継点を置いてそこから集荷と納入を別々に行うというアイデアは総輸送費用を下げる可能性を示唆します。

　例えば、**図 3 -12**のような出荷地と納入先がある場合を考えてみます。各出荷地から全ての納入先へトラックを出しても良いのですが、もし荷量にばらつきがあるとか、スケジュールに種々の制約がある場合などでは積載率は上がらない結果となります。ここで真ん中に中継倉庫を置いて、出荷地からの荷物をすべて一旦中継地に集め、そこから改めて納入便を仕立てて納入先に製品を持っていくことを考えます。

　このような中継拠点を**クロスドック**と呼びます。通常このようなクロスドックでは、製品の滞留時間は少なく（大体数時間程度）片側から集荷で入った製品を別の側から出荷するような構造を持ちます。

　尚、複数拠点間で荷物がある場合でも、クロスドックが必ずしも効果があるとは限りません。たとえば、もし１出荷地から１納入先への荷量が毎回満車分だけ必ずある場合には、クロスドックで一旦荷降ろしして積み替える手間は無駄になります（そのような場合でも満車にならない残り半端が出ればどうするかという問題は残りますが）。逆に言えば、出荷地と納入先の組み合わせによっては、荷量が少ない組が沢山ある場合ではクロスドック導入が有望となります。

拠点数に関しても、出荷地と納入先が少ない場合（数か所程度まで）には、クロスドックが効果的かどうかは一概には言えなくなります。また、多数の出荷地と納入先が紐づいている場合でも、結びつき方によっては効果が出にくいこともあります。つまり、一部の出荷地からの納入先が非常に限られているとか、一部の納入先への出荷地数が少ない場合などがそれに当たります。

　いずれにしても、新規にクロスドックを導入するかどうかを検討する場合には、是非拠点配置モデルを使って**シミュレーション**をするべきでしょう。特に企業合併を考慮するとか、大幅なサプライチェーンの改造を試みる場合などでは、クロスドックによって物流が効率化し必ず物流費用が下がると考えるのは危険です。まずは実データを使ったシミュレーションをして、効果が出るかどうか、更にどこかに潜在する問題があるかどうかを検証してから合併や修正効果を判定すべきでしょう。

　クロスドックの拠点候補数が少ない場合には、候補の拠点にクロスドックを配置したとして、実際の荷量を使って配車シミュレーションを行うことも考えられます。特に候補地の住所や拠点間の荷量が分かっている場合には、候補地別に実際に近い形での配車シミュレーションを行えば、より現実的な総物流コストを予想することができます。更に配車上で問題になりそうな案件の予想もできます。例えば、クロスドック内に十分な仕分けスペースがとれるのかとか、時間帯で特に過密なスケジュールになりそうな場合があるかどうかなど、シミュレーション結果を分析することで発見することができます。

### 3.6.2　運送業での拠点配置

　運送業での物流ネットワークは、製造業と異なり集荷と納入が同じ拠点内で処理され、二つの拠点間で物が行き来するという特徴があります。その事情がよく分かる例としては、郵便のネットワークがあります。郵便事業での拠点では、集められた郵便物が仕分けされて、他の拠点へ送り出される作業と同時に、他の拠点からの郵便物も入ってきて近場に配達されるための仕分けも行われます。

　同じような例としては、宅配便や中古車の配送ネットワーク等があり、物流ネットワークとしては同じような特徴を持っています。このような運送業での輸送ネットワークでは、対象地域（例えば日本全国）に多数の拠点を配置して配送を行っています。拠点の数は場合によってまちまちですが、それがビジネスの形態

によってネットワークの特徴となります。例えば日本郵政やヤマト運輸のように個人向けの荷物が多い場合は、全国に数千か所以上の拠点を持ちますが、佐川急便のようにビジネス客が多い場合は全国に数百か所のこともあります。また中古車配送の場合は日本全国でも数十箇所ということもあります。

　このような拠点の数はどのように決められ、拠点数とネットワークの特徴、運用コストの関係はどのようになるのでしょうか。ここではそのような運送業の物流ネットワークをどのように分析するのかを考察してみます。

### 拠点配置は需要データから

　まずネットワークの拠点配置を考えます。拠点配置の最適性は、実務的な制約を満たしながら、拠点の運用コストと毎日の配送コストなどの物流コストを最小にする拠点数とその配置を意味します。一つの拠点に対して、その担当地域が決められ、担当地域内での末端の集荷と納入はすべてその拠点から行うこととします。一旦拠点に集められた荷量は、行先の担当拠点にまず配送されて、その担当拠点から納入便として目的地まで運ばれます。集荷拠点と納入拠点間の幹線輸送については、全て直行というケースもありますが、間に中継拠点が入ることもあります。例えば北海道から九州までに荷物は、多くのケースではどこかで中継されることが多くなります。

　このような配送ネットワークを既に運用している場合、最適な拠点の配置問題を解くということに対してあまり関心を持たれないかもしれません。しかし、理想的な配置や数を知っておくのも知見となり得策と考えられます。またそれを把握しておけば、時間をかけて理想形に近づけることもできます。

　このような運送業での拠点配置の最適化方法を紹介します。まず実績データを使って需要のデータを作成します。これは個々の荷物の発地と着地を実績履歴から取り出すことで作れます。データの期間はある程度絞って（数か月間等）取り出すことが普通ですが、数が多くない場合には1年分のデータを使うことも可能です。もしその数があまりに膨大になる場合には（例えば郵便の場合など）、個々の発地と着地の住所を使うよりは、ある程度地域で集計して発地域から着地域での荷量を作成することも考えられます。例えば郵便であれば、直近の日本全国の市町村数は1,741ほどですので（2018年10月時点）、1,741×1,741の荷量マトリクスを作ることが適当と考えられます。荷量は発地と着地の二つがあるので、

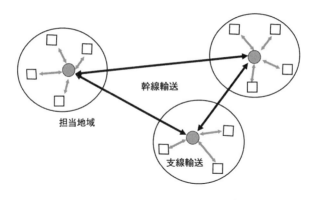

幹線輸送

担当地域

支線輸送

図 3 -13　輸送ネットワークのイメージ

地域ごとに発荷量と着荷量を加算して集計し需要とします。

　需要データができれば、その後はこの章で解説してきたような拠点配置のロジックで拠点の数と配置を決めることができます。尚、これまでの製造業拠点配置モデルで前提としていた工場は、運送業の拠点配置には存在しません。しかしながら、架空の工場を 1 か所設定し、その架空工場からすべての配送センターへの輸送を可能にし、輸送コストをゼロに設定することで製造業の拠点配置モデルを使うことができます。拠点の配置と担当地域が決まれば、全国ネットワークの輸送については**図 3 -13**のような物流フローが実現することになります。

　この図にある通り、ネットワーク内での輸送は幹線輸送と支線輸送に分かれます。支線輸送のみを考えれば拠点の位置は担当地域の真ん中が良さそうですが、幹線輸送を考えれば一概に真ん中がよいとも限りません。特に全体からして端にある地域は、幹線輸送の方向が限られるので少しずれた配置が良いかもしれません。いずれにしても幹線と支線の両方の輸送コストを最小にする拠点の配置が望ましく、そのためには全体の物流ネットワークをモデル化して最適化することがベストです。

　もし 1 か所の拠点での処理能力に上限を設定したい場合には、各拠点の担当需要量合計がその上限以下になるように拠点の数と地域割を決定する必要があります。これによって拠点の最小数が設定されるので、それ以上で拠点数を増やしながらシミュレーションを行うことも可能です。

　一般に拠点数と全体の物流コストの関係は**図 3 -14**のように示されます。ここ

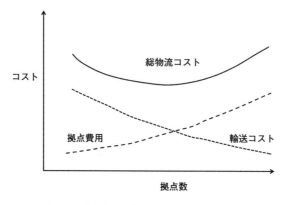

図3-14　拠点数と総物流コストとの関係イメージ

でのポイントは、どこかに拠点数の最適値があって、それを境に輸送コストと拠点コストがそれぞれ増減するという関係にあるということです。

　拠点の数と配置が決まれば、それに合わせて実際の荷量を作成し、配車を行うことができます。この配車のステップは必須というわけではないのですが、やはり拠点配置の計算では明らかではなかった問題点が浮かび上がることもあるので、配車をしてみることがお勧めです。特に、ここで借用している製造業用拠点配置モデルでは、幹線輸送のコストは考慮されていないので、支線と幹線両方の配車シミュレーションが望ましいわけです。配車でしか分からない問題としては、中継拠点設定のノウハウ（複数化、優先順を含め）とか時間帯ごとの滞留荷量の分布等が挙げられます。詳しい配車については次の章の配車シミュレーションで説明しますが、ここでは配車用の荷量の作成方法についてのみ簡単に触れます。

　荷量について日次総量のみ分かっていて、実際に発生時刻や到着時刻が分からない場合には、時間ごとの荷量の分布を設定して、その分布に合わせて荷量が発生するものと仮定することができます。また荷量の締め切り時間（行先顧客への到着時刻）については、締め切り（例、翌日配送）や目標として設定する最終到着日時を当てはめます。これにより時間ごとの荷量設定ができて配車シミュレーションでは十分なレベルの荷量が計算できます。具体的な例は、後述の「宅配便の物流ネットワーク分析」でも紹介します。

## 3.7 分析用データの準備

　拠点配置を分析する際に、どのようなデータを準備するべきかという質問を頻繁に受けます。どのようなデータが必要かという議論の前に、分析そのものや解法の手順が明らかでない場合には、収集すべきデータが何であるかも不明のはずです。方法が分からないし、従って必要なデータも不明というのが本音のようですが、まずは前述の拠点配置手法やモデルを理解してから以下に進んでみましょう。つまり、ここでは分析手法は前述の方法に従った拠点配置ソフトがあるという前提での話になります。

　勿論、専用ソフトがなくても、独自でExcelモデルを作って計算を行うことは可能です。但し、データ量にもよりますが、手動で計算を行うには問題が多々存在します。まず、手計算は非常に面倒で間違いが起こりやすいということがあります。Excelの関数や数式は最大限利用するとしても、その機能は限られているので、ユーザーが必要とするレポートを全部出力するのは難しいか、多大の手間がかかりそうです。また、物流を最適化した答えを見たいわけですが、手計算ではどれほど最適化が達成されているのかが分かりません。つまり常にどこかで取りこぼしがあるかもしれないというリスクがあるわけです。これらを考えると、やはり専用ソフトを使う方が望ましく思います。

　専用ソフトウェアを使う効果としては種々あげられます。まず、線形計画法のような厳密な方法を利用すると最適化の保証がされます。手動モデルではもっと良い答えがあるかもしれないという疑念がぬぐえないのですが、専用ソフトではそれはなくなります。また、計算の間違いもなくなります。特に、ケースが大規模である場合（ビジネスの事例では大半がそうです）は、データ量も膨大となり、ソフトウェアでの処理のみが実務的に受け入れられるオプションとなります。

　またこれが一番重要な点ですが、物流担当者としては、データ処理や計算などの単純処理はできるだけ機械に任せて、前提となる需要予測とか今後の経営方針を加味したシナリオをどう作成するか、というようなマクロなレベルの判断により多くの時間を割いた方が得策であると考えます。更に重要なパラメータ値の検討や、結果の検証と企画案の作成なども時間を費やしたいところです。

　以上を踏まえて、専用のソフトウェアがあることを前提として、どのようなデ

ータが必要になるのかを以下に記述します。

拠点配置に必要なデータの一覧
製品データ：個々の製品（数が多い場合には製品群に纏める）について
- 重量（単位数量あたり）
- 原価（在庫費用計算に使用）
- 在庫する際の占有面積また容積
- 輸送モードの制限（あれば）

拠点データ：個々の工場や配送センター（考慮すべきものだけ）について
- 住所（拠点間の距離や移動時間を計算する）
- 既存か新規かの区別と新規の場合の候補地
- 費用に関する情報
  - ✓ 開閉コスト（新規開設の投資費用、閉鎖での処理費用など）
  - ✓ 固定費（1か月あたりの賃貸料、人件費、管理費用など）
  - ✓ 変動費（個数に比例した製造費、在庫管理費、入出庫費用など）
- 製品（群）の在庫回転率、安全在庫率
- 製造または出荷能力
- 在庫可能面積（または容積）
- 取り扱い製品、使用可能な運送会社やサービス

顧客データ：個々の顧客について
- 住所（番地までの個々の住所、または複数顧客をまとめた地域住所）
- 既存配送センターへの割り当ての有無
- 製品（群）ごとの需要予測

運賃データ：利用可能な運送会社でのタリフ表
- 距離と重量によるトンキロ運賃表

- 拠点間（または地域間）のリードタイム（輸送時間）
- 出荷場所から納入顧客先までのリードタイム（製品別、サービス別）

時間距離データ：
- 拠点間の移動時間と距離
- 道路ネットワークで使う道路種別毎の平均時速

輸送実績データ：1か月から数か月分
- 日付
- 出荷拠点
- 製品と出荷数量（個数）
- 納入顧客
- 運送会社
- 運賃や費用

製品データについて

　製品に関するデータは数が多くなる傾向があるので注意が必要です。そのまますべての製品やアイテムを対象とすると数千種から数万種になる場合もあり、それらを全て整合性のとれたデータと仮定して取り入れることは問題があるかもしれません。勿論データを正確にとっている場合もあるでしょうから必ずしもそうではないかもしれませんが、ここでは分析目的から実務的な判断をする必要があります。

　つまり、ここでは拠点配置が目的のデータであって、全ての製品の動きを分析しているのではないということです。言い換えれば、拠点配置に関係しそうなメジャーな製品のみを対象としても、十分な結果が得られるのではないかという点です。

　その観点から通常は製品を絞って、出荷数の多いトップ数十とかせいぜい100〜200程度におさめることが普通です。また、特にソフトウェアで分析をする場合には、後で製品を追加することもできますので、初めはあまり製品数を増やさずにモデルを作ることがお勧めです。

また個々の製品を登録するよりは、製品群として纏めて数を大幅に減らすという手もあります。その場合、製品群ごとの重量や体積を登録するので、同じ製品群に含まれる製品の単位あたりの平均重量や平均体積を設定することになります。

　尚、重量はのちに運賃を計算する場合に使われます。また体積は、拠点での在庫面積（容積）の制約を超えないような平均在庫量を計算するために使われます。

　また、製品原価は平均在庫量に対する金利を計算して物流費用の一部として考える場合に使用します。特に複数の拠点での在庫回転率や安全在庫率が違う場合には、この値が関係してきます。平均在庫量と他指標との関係については、後述の拠点コスト計算で解説します。


拠点データについて

　拠点に関するデータも詳細にすればするほど膨らむ傾向があります。ここでも、配置を判断することに焦点を置いて、拠点間の違いがでるようなデータに特化してモデルに取り込むことが肝心です。その意味で、製品の流れに関する制約となる項目が拠点データの内容となります。

　拠点が工場である場合には、製造に関するデータを設定します。つまり、製品ごとの月次最大製造量（ラインのキャパシティー）、在庫面積（容積）等が必要です。拠点が配送センターであれば、月間最大処理量（最大入出荷数）、在庫面積（容積）が必要です。尚、もし工場から直接顧客への出荷をしている場合には、モデル上は工場と配送センターを二つに分けて設定すれば結果が分かり易くなります。

　拠点の費用に関する項目では、固定費と変動費に分けてデータを設定すると分かり易くなります。固定費用としては、処理する製品数量にかかわらず固定的にかかる費用項目を入れます。これらには、賃貸料、人件費、管理費用（事務費とか光熱費）が含まれます。変動費用は製品数量に比例してかかるコストのことで、製造費用、入出荷費用、在庫費用などが含まれます。


顧客データについて

　顧客に関するデータは主に製品ごとの需要予測となります。製品群として設定している場合には、製品群ごとの数値を必要とします。需要予測は企業全体とし

| 重量 | 50km | 100km | 150km | 200km | 250km | 300km | 350km | 400km | 450km |
|---|---|---|---|---|---|---|---|---|---|
| 0 | 0 | 0 | 0 | 0 | 0 | 0 | 0 | 0 | 0 |
| 10 | 1.03 | 1.06 | 1.07 | 1.07 | 1.09 | 1.09 | 1.1 | 1.1 | 1.12 |
| 20 | 1.14 | 1.16 | 1.2 | 1.24 | 1.25 | 1.26 | 1.28 | 1.3 | 1.32 |
| 30 | 1.25 | 1.27 | 1.3 | 1.34 | 1.38 | 1.4 | 1.42 | 1.43 | 1.46 |
| 40 | 1.37 | 1.39 | 1.46 | 1.52 | 1.57 | 1.62 | 1.66 | 1.73 | 1.18 |
| 60 | 1.46 | 1.5 | 1.6 | 1.67 | 1.76 | 1.82 | 1.9 | 1.98 | 2.04 |
| 80 | 1.67 | 1.74 | 1.86 | 1.98 | 2.09 | 2.2 | 2.29 | 2.4 | 2.51 |
| 100 | 1.9 | 1.97 | 2.21 | 2.28 | 2.42 | 2.56 | 2.69 | 2.82 | 2.94 |
| 120 | 2.1 | 2.2 | 2.39 | 2.57 | 2.75 | 2.92 | 3.04 | 3.22 | 3.35 |
| 140 | 2.33 | 2.42 | 2.65 | 2.88 | 3.08 | 3.29 | 3.46 | 3.64 | 3.82 |
| 160 | 2.53 | 2.66 | 2.92 | 3.18 | 3.41 | 3.64 | 3.83 | 4.03 | 4.26 |
| 180 | 2.74 | 2.89 | 3.18 | 3.48 | 3.74 | 3.98 | 4.2 | 4.44 | 4.67 |
| 200 | 2.84 | 3.05 | 3.35 | 3.62 | 3.96 | 4.18 | 4.36 | 4.69 | 4.92 |
| 250 | 3.3 | 3.52 | 3.9 | 4.3 | 4.62 | 4.94 | 5.24 | 5.56 | 5.86 |

図3-15 トンキロタリフの例

| | 0km | 20km | 40km | 60km | 80km | 100km | 120km | 140km | 160km | 180km |
|---|---|---|---|---|---|---|---|---|---|---|
| 0 | 0 | 0 | 0 | 0 | 0 | 0 | 0 | 0 | 0 | 0 |
| 10000 | 0 | 11.983 | 15.966 | 19.777 | 23.682 | 27.45 | 29.933 | 32.372 | 40.055 | 42.889 |

図3-16 10トン専用車のタリフ例

て用いられている数値を取り込むか、独自に需要予測ソフトなどで生成する方法、または過去実績を使う方法等があります。その中で一番簡単に取得できるのは過去実績をそのまま使うケースです。その場合も、過去実績がそのままであれば、最適な配置はどうであったのかというバックキャーストの結果になるということに留意しなければなりません。

次によく行われるのは、過去の輸送実績データや販売実績データを使って顧客ごとの需要予測データとすることです。このやり方については、下記に例を挙げてやり方を紹介しているので、それを参照してください。

運賃データについて

運賃については、発表されているタリフ表をそのまま使うことが一番楽です。特に距離と重量で運賃が決まるトンキロ別タリフでは、**図3-15**のようなテーブルが用意されているはずなので、それをExcelの表として取り込めば計算が楽になります。

専用車のように車両1台での運賃が決まっている場合には、テーブルかするか、1日X万円のような設定でも計算に取り込むことができます。**図3-16**は10

| | 日付 | 製品 | 出荷地 | 住所 | 顧客先 | 住所 | 運送会社 | 運賃種類 | 支払運賃 | 重量 |
|---|---|---|---|---|---|---|---|---|---|---|
| 2 | 20160906 | BHOCL6 | 三鷹工場 | 東京都三鷹市2丁目10-8 | AD2408 | 東京都町田市小川704-5 | AB | 10 | 4079 | 420 |
| 3 | 20160906 | BHOC | 三鷹工場 | 東京都三鷹市2丁目10-8 | AD2408 | 東京都町田市小川704-5 | AB | 10 | 709 | 73 |
| 4 | 20160906 | BHOCL | 三鷹工場 | 東京都三鷹市2丁目10-8 | AD2408 | 東京都町田市小川704-5 | AB | 10 | 670 | 207 |
| 5 | 20160906 | BHRC6 | 三鷹工場 | 東京都三鷹市2丁目10-8 | AD2408 | 東京都町田市小川704-5 | AB | 10 | 1948 | 602 |
| 6 | 20160906 | BMNCL6 | 三鷹工場 | 東京都三鷹市2丁目10-8 | AD2408 | 東京都町田市小川704-5 | AB | 10 | 4750 | 1468 |
| 7 | 20160906 | BPC6 | 三鷹工場 | 東京都三鷹市2丁目10-8 | AD2409 | 東京都西多摩郡二本木461 | AB | 12 | 191 | 38 |
| 8 | 20160906 | BDKDC6 | 三鷹工場 | 東京都三鷹市2丁目10-8 | AD2409 | 東京都西多摩郡二本木461 | AB | 12 | 3896 | 1204 |
| 9 | 20160906 | BHRC6 | 三鷹工場 | 東京都三鷹市2丁目10-8 | AD2409 | 東京都西多摩郡二本木461 | AB | 12 | 6056 | 1204 |
| 10 | 20160906 | BDKDC6 | 三鷹工場 | 東京都三鷹市2丁目10-8 | BO31020 | 東京都八王子市西野町581-5 | YM | 10 | 4900 | 3008 |
| 11 | 20160906 | BYCMN | 三鷹工場 | 東京都三鷹市2丁目10-8 | BO31020 | 東京都八王子市西野町581-5 | YM | 10 | 106 | 65 |
| 12 | 20160906 | BMNC6 | 三鷹工場 | 東京都三鷹市2丁目10-8 | BO31020 | 東京都八王子市西野町581-5 | YM | 10 | 3921 | 2407 |
| 13 | 20160901 | FULP5 | 青梅物流センター | 東京都青梅市真弥3丁目102 | F058755 | 東京都昭島市武蔵2-11-1 | KK | 10 | 922 | 96 |
| 14 | 20160901 | FULP5 | 青梅物流センター | 東京都青梅市真弥3丁目102 | F058755 | 東京都昭島市武蔵2-11-1 | KK | 10 | 989 | 103 |
| 15 | 20160901 | FULP5 | 青梅物流センター | 東京都青梅市真弥3丁目102 | F058755 | 東京都昭島市武蔵2-11-1 | KK | 10 | 1537 | 160 |
| 16 | 20160901 | FTWN | 青梅物流センター | 東京都青梅市真弥3丁目102 | F058756 | 東京都青梅市今野3-8-4 | KK | 10 | 1000 | 443 |
| 17 | 20160901 | FSDN | 青梅物流センター | 東京都青梅市真弥3丁目102 | F058756 | 東京都青梅市今野3-8-4 | KK | 10 | 1221 | 1535 |
| 18 | 20160901 | FSDN | 青梅物流センター | 東京都青梅市真弥3丁目102 | F058756 | 東京都青梅市今野3-8-4 | KK | 10 | 1000 | 3069 |
| 19 | 20160901 | RU5PT | 青梅物流センター | 東京都青梅市真弥3丁目102 | F058762 | 東京都青梅市野上町2-283-7 | BB | 15 | 667 | 134 |
| 20 | 20160901 | FCG5P | 青梅物流センター | 東京都青梅市真弥3丁目102 | F058762 | 東京都青梅市野上町2-283-7 | BB | 15 | 353 | 71 |
| 21 | 20160901 | FDVN | 青梅物流センター | 東京都青梅市真弥3丁目102 | F058762 | 東京都青梅市野上町2-283-7 | BB | 15 | 259 | 52 |
| 22 | 20160901 | BMNCL6 | 府中工場 | 東京都府中市本町2丁目11-7 | D31020 | 東京都八王子市西野町581-8 | AB | 20 | 1196 | 734 |
| 23 | 20160901 | BMNL | 府中工場 | 東京都府中市本町2丁目11-7 | D31020 | 東京都八王子市西野町581-8 | AB | 20 | 1049 | 644 |
| 24 | 20160901 | BMT200 | 府中工場 | 東京都府中市本町2丁目11-7 | D31026BD | 東京都千代田区有楽町1-5-2 | JJ | 30 | 15000 | 452 |
| 25 | 20160901 | BMT200 | 府中工場 | 東京都府中市本町2丁目11-7 | D31026BD | 東京都千代田区有楽町1-5-2 | JJ | 30 | 15000 | 452 |
| 26 | 20160901 | BMT200 | 府中工場 | 東京都府中市本町2丁目11-7 | D31026BE | 東京都中央区銀座6-10-16新陽ビル6F | JJ | 30 | 15000 | 452 |
| 27 | 20160901 | BMT200 | 府中工場 | 東京都府中市本町2丁目11-7 | D31026BF | 東京都中央区銀座6-10-16新陽ビル7F | JJ | 30 | 15000 | 452 |
| 28 | 20160901 | BMT200 | 府中工場 | 東京都府中市本町2丁目11-7 | D310273B | 東京都文京区春日3-2-3メトロエム | JJ | 30 | 15000 | 452 |
| 29 | 20160901 | BMT200 | 府中工場 | 東京都府中市本町2丁目11-7 | D310273B | 東京都文京区春日3-2-4メトロエム | JJ | 30 | 15000 | 452 |
| 30 | 20160901 | BMT200 | 府中工場 | 東京都府中市本町2丁目11-7 | DX20135A | 東京都中央区茅場町11-3-19太陽ビルB1F | JJ | 30 | 15000 | 452 |
| 31 | 20160901 | BMT200 | 府中工場 | 東京都府中市本町2丁目11-7 | DX20136A | 東京都中央区茅場町11-3-19太陽ビル2F | JJ | 30 | 15000 | 452 |
| 32 | 20160901 | BMT200 | 府中工場 | 東京都府中市本町2丁目11-7 | DY31035D | 東京都中央区銀座5-2-22東和ビルB1 | JJ | 30 | 15000 | 452 |
| 33 | 20160901 | BMT200 | 府中工場 | 東京都府中市本町2丁目11-7 | DY31035D | 東京都中央区銀座5-2-22東和ビルB2 | JJ | 30 | 15000 | 452 |
| 34 | 20160901 | FPLN | 西東京配送センター | 東京都西東京市鳥越1丁目2-19 | F001B546 | 東京都馬田馬2-3-14 | FH | 10 | 688 | 158 |
| 35 | 20160901 | FN55N | 西東京配送センター | 東京都西東京市鳥越1丁目2-19 | F001B546 | 東京都馬田馬2-3-14 | FH | 10 | 178 | 41 |
| 36 | 20160901 | FSDN | 西東京配送センター | 東京都西東京市鳥越1丁目2-19 | F001B546 | 東京都馬田馬2-3-14 | FH | 10 | 61 | 14 |

図3-17　輸送実績データの例

トン専用車で距離に合わせてタリフが決まっている場合のデータ例です（距離は
180km までしか表示してないが右へ延長可能)。

時間距離データについて

　これは拠点間の移動時間と距離に関するデータです。距離が必要となるのは、
運賃計算で距離が使われる場合で、運賃が距離に依存しない場合距離データは必
要ありません。移動時間もリードタイム制限がないのであれば必要はありませ
ん。もし使う場合には、拠点間の移動時間や距離計算専用のソフトウェアが必要
になります。特に顧客を含めた拠点の数が多い（数十を超える）場合は、ソフト
ウェアによる処理のみが選択肢となります。詳しくは後述のセクション4.3の
「走行距離と時間の計算」を参照ください。

輸送実績データについて

　このデータは通常輸送実績とか販売実績としてのデータベースとして管理され
ているはずです。またそれがなくても、運送会社に対する支払い記録としてこの
ようなデータが存在する場合もあります。これは輸送実績として、いつ、どこか
ら、どこへ、何が、どれだけ運ばれたかというデータで、例えば**図3-17のよう**

| 1 | 顧客先 | 住所 | 出荷場所 | 製品群1 | 製品群2 | 製品群3 | 製品群4 |
|---|---|---|---|---|---|---|---|
| 2 | AD2408 | 東京都町田市小川1704-5 | 三鷹工場 | 3497 | 877 | 665 | 1453 |
| 3 | AD2409 | 東京都西多摩郡二本木461 | 三鷹工場 | 5432 | 912 | 1231 | 1550 |
| 4 | BD31020 | 東京都八王子市西野町581-5 | 三鷹工場 | 7367 | 947 | 1797 | 2647 |
| 5 | F058755 | 東京都昭島市武蔵野2-11-1 | 三鷹工場 | 9302 | 982 | 2363 | 3744 |
| 6 | F058756 | 東京都青梅市今野3-8-4 | 青梅物流センター | 1123 | 101 | 2929 | 4841 |
| 7 | F058762 | 東京都青梅市野上町2-283-7 | 青梅物流センター | 1317 | 812 | 307 | 5938 |
| 8 | D31020 | 東京都八王子市北野町581-8 | 青梅物流センター | 1510 | 949 | 549 | 7035 |
| 9 | D310268D | 東京都千代田区有楽町1-5-2 | 府中工場 | 1704 | 108 | 208 | 308 |
| 10 | D310268F | 東京都中央区銀座6-10-16新橋ビル6F | 府中工場 | 2897 | 120 | 433 | 6419 |
| 11 | D310273B | 東京都文京区春日3-2-4メトロエム | 府中工場 | 4090 | 136 | 2818 | 1314 |
| 12 | DX20136A | 東京都中央区茅場町11-3-19太陽ビルB1F | 府中工場 | 5283 | 552 | 5203 | 9854 |
| 13 | DY31035D | 東京都中央区銀座5-2-22東和ビルB2 | 府中工場 | 6476 | 168 | 7588 | 1500 |
| 14 | F0018546 | 東京都高田馬場2-3-14 | 府中工場 | 7669 | 384 | 9973 | 1956 |

図3-18　顧客需要データの例

な形をしています。

　この図では、拠点配置に必要なデータ項目のみ表示しています。通常この種の
データには、様々の項目が含まれており、分析に関係のない項目は削除して必要
最小限のデータを取り入れることが肝要です。また、中には「汚いデータ」(桁
違い、日付違い、記入漏れ、誤記入等) もありますので、データを入念にクリー
ニングしてから使うことも重要です。データのクリーニングについては、ここで
は詳しくは取り上げませんが、内容に合わせて統計的処理や目視・手動による削
除・変更などが必要になることもあります。

　このような実績データから分析用のデータを作成することが可能です。例え
ば、上記から製品データ、拠点データ、顧客データを抽出することもできます。
その際もどこまでの範囲でデータを取り込むか、除外されるデータは何かを明確
にしてデータ作成を行うことが肝心です。特に顧客データを実績から生成するに
は、製品ごとの輸送実績を纏めて、**図3-18**のような形の需要実績データを作成
すると分かり易くなります。

## 3.8　準備データを使った手計算

　上記のような顧客需要データができれば、あとは拠点間のフローを**図3-7**に
あるサプライチェーン・モデルに従って計算することができます。ここからは計
算ロジックを理解するためにあえて手計算をした場合のやり方について簡単に解
説します。

まずは輸送コストを計算する

　手計算では、モデル図の右側から左に向けて、製品数を引き出す形（プル型）での計算が行われます。その際に必要なのは、各顧客がどの配送センターに割り当てられるかということで、それによって配送センターと顧客間の矢印が定義されます。この割り当ては製品ごとに異なる可能性もありますが、簡単のため各顧客へは全ての製品が同一配送センターから納入されると仮定します（通常そうですが）。

　顧客と配送センターの割り当て（紐づけ）に関しては最適化の範囲なのですが、まずは現状の物流コストをサプライチェーン・モデルによって再現することなので、この紐づけは現状行われている通りとします。もし架空のケースや新規のサプライチェーンの場合は、地域ごとに配送センターを決めて、それに従って矢印を引くことでもよいでしょう。

　各矢印に従って、配送センターから顧客への製品輸送量を顧客需要量を元に計算します。次は製品ごとの輸送合計に対応する重量を計算し、それに対する輸送コストを計算します。その際に当該区間の車型が決まっている場合は車両1回当たりの満載積載量で総重量を除して回数を出し、1回あたりの運賃に乗じます。もし、運賃表がトンキロの場合は、その顧客への月次納入回数から1回あたりの配送重量を計算し、それに対応する運賃を求めた後に回数を乗じます。尚、輸送重量については、製品ごとの単位重量が必要で、それに製品個数を乗じて求めます。

　このように配送センターと各顧客間の輸送コストを計算すれば、あとはすべての配送センターからの顧客輸送費用を合計すれば、配送センターと顧客間の輸送費用が求まります。

　次に行うのは、工場と配送センター間の輸送費用を求めることですが、これにはまず製品ごとにどの工場からどの製品が入手されるのかを決めます。次に一つの工場・配送センターの組み合せを選んで、関係する製品に対して、配送センターから担当顧客への輸送量を加算します。これに製品単位重量を乗じて輸送重量を出し、それをすべての関連製品にわたり合計することで、当該工場から配送センターへの総輸送重量が計算されます。これを元に、配送センターと工場間の輸送コストを計算しますが、これは先の配送センターと顧客間の輸送コストの計算と同じやり方で、固定車両（10トン車など）を使うか、あるいはトンキロ型の運

賃を使うかの選択になります。その費用をすべての工場と配送センター間で行い、合算すれば工場と配送センター間の輸送コストが求まります。

次に拠点コストを計算する

拠点間の輸送コストが求まれば、次は拠点での固定コストや変動コストの計算に入ります。上記の計算で、各拠点での処理製品量が求まっていますので、それに従い製造コストや処理コストを計算することができます。

まず配送センターでは、製品ごとに入庫と出庫が同じとして、それに対する変動費用を計算します。これは単純化すれば1個あたりの入出庫単価に製品量を乗ずる形の計算になりますが、外部倉庫を利用している場合は入庫費、出庫費、在庫費用の仕組みを単純化して1個あたりの単価とすることが簡便な方法です。また、在庫管理費用については、次の式に従って平均在庫量を計算することが可能で、それを使って在庫管理費の計算をすることもできます。尚、以下では出荷量は1期間あたりの出荷量で、安全在庫レベルは平均在庫のうち何%が安全在庫であるかを示す小数とします。また年率としての在庫回転率は、月率にするなどして1期間の出荷量と同期をとる必要があります。

$$平均在庫量 = \frac{在庫回転率}{(1-安全在庫レベル)*出荷量}$$

工場では、製品出荷量を使って、製造費用を計算することをします。これは単純に製品1個当たりの単価を設定して、製品個数を乗じる形の計算にします。

変動費用の次は、固定費用ですが、これは各拠点につき決められた費用（賃貸費用、人件費、管理費用など）を加算します。

総物流コストを求め改善を図る

上記に従って輸送コストと拠点費用を求めれば、それらを合計することによって物流費用が計算されます。その合計値が現状の物流コストと同じ程度になれば、このサプライチェーン・モデルの妥当性が確保できたといえるでしょう。この物流コストはベースケースとして、これから改善を図る際の基準値になります。

次はサプライチェーンの改善を目論みますが、その際に変更できるのは配送センターと顧客の割り当てです。もし既存の配送センターのみを使う場合には、どの顧客の割り当てを変更すれば全体物流コストが改善されるのかを考えます。その際に、変更する割り当てに関係する物量を全て計算し直して、輸送コストを再計算します。変更のある配送センターは、工場からの物流も違ってくるので、再度工場と配送センター間の輸送コストも再計算します。また関係する拠点の変動費用も変わるので、計算し直します。これによって、顧客と配送センターの割り当てを変更した後の総物流コストが求まります。もし変更により総物流コストが下がる場合には、一つの改善案を見つけたことになります。

　このような改善ステップを繰り返すことにより、物流コストがどんどん下がる可能性もあります。但し、どこまで下がるかいう下限値は不明なので、どこまで続けるべきかで疑問が残るかもしれません。感覚的には、ある程度繰り返してあまり改善が見つからなくなった段階で止めるというのが適当かとは思いますが、いずれにしても手計算には限界があります。

　さらに新拠点を導入する場合の計算については、上記計算を新拠点が導入されたサプライチェーン・モデル上で再度行います。それによって、ベースケースの総物流コストが削減されるのであれば、新拠点導入の効果があると判断できるわけです。

## 3.9　Edelman ケース 2 ：ヨーロッパの宅配便　TNT Express

　以下は、2012年7月に日本OR学会誌、「オペレーションズ・リサーチ　経営の科学」（参考文献［3-5］）に掲載された記事です。ヨーロッパの宅配便ビジネスTNT Express での物流最適化への取り組みが解説されています。

〰〰〰〰〰〰〰〰〰〰〰〰〰〰〰〰〰〰〰〰〰〰〰〰〰〰〰〰〰〰〰〰〰〰〰〰

### エデルマンの勇者たち
#### ヨーロッパの宅急便 TNT Express

　米国OR学会INFORMSの春の学会が、この4月ロスアンゼルス郊外のハンチントン・ビーチで開催された。参加者数は昨年を20%程上回る人気ぶりで、最近の

図1　TNT Express メンバーと筆者（左端）

アナリティックス・ブームを反映しているようであった。発表では google, Link-edIn, eBay などによるインターネットサービス に関する話題が目立った。キーワードでは、Big Data, Business Analytics ということで、ネットで貯まる多量のデータを、どうビジネスに生かすかという共通の話題を論じていた。

　さて Edelman 賞コンペティションは今年も充実したラインアップであった。最終選考まで残った6チームは、

● Carlson Hotel Group（ホテルチェーンによる客室価格最適化による稼働率向上）
● TNT Express（欧州宅急便のサプライチェーン最適化）
● CDC（米国保険厚生省による緊急時のための拠点配置）
● Intel（半導体メーカーの装置購入計画最適化）
● Danaos（ギリシャ船会社の船舶航路最適化）
● HP（IT 機器ベンダーのマーケティング戦略）

であった。優勝はオランダの TNT Express で、本命と目されていたエントリーの堂々の勝利である（[1], [2] 参照）。実は、私が直接コーチをしたチームなので、あまり褒めちぎるのはやや気が引けるが、全体に充実した内容であった。コーチ陣のアドバイスにも誠実に対応し、プレゼンや資料も優れていた。「顧客」の要求には地道に対応するという企業文化なのかオランダ人気質なのか不明であるが、コー

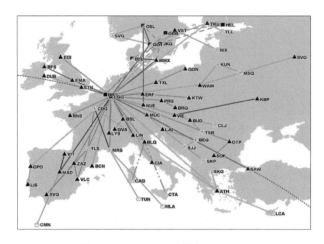

図2　TNT Express の欧州ネットワーク

チの努力も報われた感があり大変有り難いことであった。

　宅急便業界といえば、セクション4.6で紹介する米国の2大大手（FedEx と UPS）の世界戦略が思い出される。両企業とも OR 手法を駆使してコスト削減とグローバル市場拡大にしのぎを削っていることを参考文献［3］で解説した。一方で今回紹介する TNT Express はこれらを凌駕する程の OR 導入度を果たしており、これもまた新たな発見と驚きである。折しも今年2月に UPS 社は TNT Express の買収を発表しており、最適化システムや OR グループを絡めて両者が今後どのように合併を進めるのかが大変興味深い。

　TNT Express はヨーロッパを中心に世界200カ国で総合輸送サービスを展開している。2011年度の売上は72.5億ユーロ（約8,000〜9,000億円）で、大体佐川急便程の大きさである。保有する物流資産は2,650か所の物流拠点、3万台のトラック、46機の航空機、従業員7万7千人となっている。売り上げの75％程度はヨーロッパで、アジアが19％、南北アメリカが6％である。このようにビジネスはヨーロッパ中心であるが、ネットによる物流と新興国、特に中国を中心としたアジア市場の拡大が今後の成長分野と考えている。米国ビジネスが極めて小さいことから、UPS との市場の補完性もよいと考えられる。

　TNT Express の物流ネットワークの特徴は何であろうか。簡単にいえば、航空便とトラック便の程良い混在である。広大な米国の宅急便ネットワークは、FedEx に見られるように主に飛行機に頼るところが大きい。一方で、人口集中型の日本の場

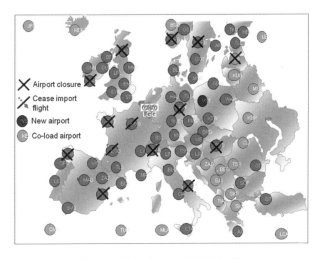

図3　TNT ネットワーク再編イメージ

合はトラックが主流である。欧州はその中間程度で、どちらかに偏ることが出来な
い程度の大きさである。別の観点からすると、どの部分に航空便を導入してどの部
分をトラック便にするかという最適化問題が常に存在するわけである。

　具体的には、サービスレベルと荷の大きさにより、どの大きさの荷まで（30kg か
ら250kg までの間の選択肢）を航空機で運ぶかという問題があるという。更に一番
近い空港までの距離がどれほどかによって、夕方の集荷締め切り時刻が決まってく
る。つまり空港までの距離が200km か300km かによって、空港の数、航空機材数だ
けではなく、荷の締め切り時刻（つまり受付時間帯）も異なってくる。

　使用する空港を減らせば、トラックは集荷した荷を空港まで運ぶのに余計時間が
かかる。逆に空港を増やせば空港までの平均時間は減るであろう。空港を使用する
には、年間使用料などの施設費用がかかるので減らした方が費用的にはよい。しか
し顧客サービスの観点からは荷の締め切りが遅い方がよいだろうから、空港の数は
減らすべきではないということになる。このようなトレードオフは最適化モデルで
決着をつけるしかないであろう。

　さらに欧州は全体が一つの国や制度ではないので、国毎の規制や法律があって、
航空機やトラックの運行も簡単ではない。国境を越えた途端に制約条件が変わると
いうこともありうるわけである。

　そのような背景で TNT Express での最初の OR の導入は2005年ころである。最

初のケースは、イタリアのトラック便輸送網の最適化で、大掛かりな最適化モデルを開発したというよりは、ルートの様子を画面に図示してソフトウェアと人間系で最適化を行うというようなツールを導入した。時期や手法など、米国系企業に比べて遅い感じはするが、この最初のケースで経営者が俄然 OR に興味を持ちだしたというのが興味深い。その後本部に OR 部隊を構える体制よりは、もっと分散して OR を広めるべきという経営判断から、次の二つ企画を行っている。

　一つは、CoP（Communities of Practice）というもので、年 3 回社内世界各国から物流担当者と社外専門家が集まって物流最適化についてケースやアイデアについて議論をするというものである。これだけでも最適化に対する意気込みを感じる話であるが、さらに驚くのは、GO-Academy という物流最適化専門の大学院のような組織を社内に立ち上げたことである。GO-Academy は 2 年間のプログラムで、各国の支店から選ばれた実務担当者を集め、最適化の理論と実務、ケースについて集中講義を行うというものである。物流最適化といってもその内容は広範で、倉庫内マテハンから、拠点間輸送、宅配業務、ボトルネック原理、数理モデリングまでをカバーする。講師陣には社内の専門家と地元大学の OR 関係の先生が入っている。又理論だけではなく、社内で使われている物流ソフトウェアについても手法と使い方について解説があるという。2 年間のプログラムの卒業時には、社内での実例による最適化プロジェクトを立ち上げ、実行に移してその成果を報告する義務がある。既にここ数年間で200人程のサプライチェーンマスターが誕生し、投資効果の累積額は数億ユーロに達するという話である。今回の Edelman プレゼンにも、GO-Academy の学長が参加しており、今年度の卒業式を次週に控え大変に忙しいという話をしていたが、うれしい悲鳴のようであった。

　CoP、GO-Academy を通じて TNT Express には種々の最適化ソフトウェアが導入されている。その中で一番大規模なのは、DELTA サプライチェーン・モデルといわれるもので、開発時期は2008年に遡る。事の始まりは、当時の社長 Marie Christine Lombard 氏が、1 か月間で TNT Express の物流ネットワークの最適化を Tilburg 大学の Hein Fleuren 教授に頼んだことである。勿論 Fleuren 教授はそれ以前より TNT Express 社でのコンサル活動に従事してはいたが、急な要望に当惑しながらも、事態の緊急性に配慮し、急遽最優先で対応することとなった。思うに、当時2008年からの世界的な景気後退により、TNT Express でも急激な売り上げ減が予測されていて、それに対応したコスト削減をどのように達成するのかが大問題であったと推測される。その後社内担当者も加えて 1 カ月のシナリオ・シミュレーシ

ョンを行い、4種類の欧州物流ネットワーク再編案を経営陣に示したそうである。

　4つの案の違いはどれだけ使用する空港と航空便を少なくするかという点であったが、結局はどれだけ積極的にコスト削減を狙ってリスクを負うかという経営判断になるとのことであった。議論の末、Lombard 氏の選んだ結果は2番目に控え目な案で、既存顧客へのサービス度を出来るだけ損なわない範囲で航空便を減らすという案であった。具体的には、若干の航空機材を減らし、12か所の空港から撤退し1か所の新空港を立ち上げるという中程度のコスト削減策であった。この案により、末端の個別配送にはそれほど影響は及ぼさずに、少なからぬ航空便コスト削減が可能になったという。結果として、2008年から2011年までの4年間で、1億3千万ユーロの物流費削減と、2億3千万トンの二酸化炭素排出削減が実現された。

　DELTA サプライチェーンの数理モデル [4] は、実は UPS の開発した混合整数計画モデル [3] を基本にしている。このモデルは、航空機と使用できる空港がセットとなった合成変数を使用しているのが特徴で、それにより変数の数が大幅に削減されている。又ヨーロッパの空港は離発着数にかなりの制限があるために、その制約を入れるような変更も施している。毎日の荷の締め切りやトラック便のルートやスケジュールまでも考慮したモデルとなっていて、答えがトラックスケジュールと密接に連携しているのも特徴である。

　このような成功例を元に、DELTA サプライチェーン・モデルはさらに拡張を遂げて、今では650か所のデポ、90か所のハブ、約15万の始点・終点ルート組み合わせに対応している。その結果、2010年から2015年までの戦略的5カ年計画の作成にも採用されて、経営陣の意思決定にも多大な影響を与えていると報告された。

　DELTA サプライチェーン以外でも、最適化モデルは広がりを見せている。例えば、拠点間のトラック便ルート最適化を行う TRANS というシステムや、デポ周りの個別集荷配送スケジュールを最適化する PUD システムなどがあげられる。これらのシステムは DELTA サプライチェーンと相まって、階層的なプランニングツールとして使われている。種々の最適化ツールを比較的短期に導入し、Cop や GO-Academy という組織を通じて社内に普及させたというのはお見事というしかないだろう。

　さて UPS と TNT の合併は何を意味するのだろうか。UPS の合併発表会見では、4年間での合併案を示していたが、キーマーケットとして、中国、ブラジル、オーストラリアを挙げていた。更に、欧州内部でのビジネスと、米国発貨物との連携改善もあると見られる。両社の合併後の市場地図を見る限り、日本を除く世界を殆ど

埋め尽くす形になっている。もしこの合併がうまくいけば、日本以外のグローバル・サプライチェーンが同一システムで繋がり、物流と情報がシームレスに管理される姿が見えてくる。このようにグローバル市場での陣取り合戦は着々と進んでいるが、日本の輸送業者にとってはグローバル化の選択肢は益々せまくなりつつあるようだ。

## 参考文献

[1] "TNT Express wins the 2012 INFORMS Franz Edelman Award", www.YouTube.com, 2012.

[2] http://www.informs.org/Find-Research-Publications/Multimedia-Books/Edelman-and-Wagner-Videos.

[3] 伊倉義郎、"エデルマンの勇者たち（3）：絶対マジに OR、FedEx と UPS の仁義なき戦い"オペレーションズ・リサーチ、経営の科学、Vol. 56, No. 11, pp. 666-669, 2011年11月.

[4] Armacost, A. P. et. al., "UPS Optimizes Its Air Network," *Interfaces*, Vol. 34, No 1, pp. 15-25, January-February 2004.

[5] Fleuren, H. et. al., "Supply Chain-wide Optimization at TNT Express," to appear in *Interfaces*, January - February 2013.

## 後日談

　この記事が書かれたのは2012年ですが、文中にもある通り当時 TNT Express は米国宅配便ビジネスの UPS との合併に同意しその申請結果を待っている最中でした。UPS としてはライバルの FedEx のグローバル化に遅れをとっていたので、この合併を機に一気にグルーバル化を進めたいところでしたが、結局 EU はこの合併を認可せず話はご破算になってしまいます。

　その後 2 年後に今度は FedEx が TNT Express との合併を決め、EU に認可を申し出て合併が認められています。なぜ UPS は認められなかったのでしょうか。その一因は、UPS が欧州での拠点実績が弱く、多くの現地人を雇っていなかったからだとのことです。このあたりにも後発 UPS の弱みが見えてしまったようです。但し、2020年のコロナ禍では FedEx がより大きな被害を受けるわけで、「塞翁が馬」ということなのでしょう。いずれにしても、TNT Express としては

この記事にもある通り、物の考え方は FedEx や UPS に近いので、合併をするにはどちらでもよかったのかもしれません。

　このように欧米の企業合併はどんどん進みますが、日本ではまだローカル勢が主役です。このまま地元勢が躍進を果たすのか、欧米のグローバル・ベンダーが飲み込むのか、ネット通販とも絡めて今後の動向が楽しみです。

# 第4章

# 定番の物流問題：配車

　物流最適化の中で、**配車問題**はもっともよく知られていて、一番解かれている問題ではないでしょうか。配車をうまく最適化すれば、配送コストが5〜15％下がる可能性があります。配車ソフトも多く市販されていて、導入すれば簡単にコストが下がるのではと期待も高まります。

　但し、問題はそう簡単でもありません。配車ソフトウェアには大きな特徴があって、機能や使い勝手、コストパーフォーマンス等で大きなばらつきがあります。また配車問題と言っても千差万別ですし、どこまで問題としてモデル化するかも微妙です。要はどういう問題に対して、どのようなソフトウェア、つまりどのような数理アルゴリズムをどう使うかを見極めることが重要です。

　このように配車問題のマーケットは混乱しがちなものですが、ここではまず配車問題の基本を解説し、問題を種類別に分けて、その特徴や難しさを解説します。次に基本を踏まえて、配車問題でよく使われるアルゴリズムやソフトウェアについてそれぞれの適用性を解説し、実例を含めてご紹介します。

## 4.1　配車問題とは

　ある拠点（工場や配送センター）から何か所かの納入先に配送トラックで物を届けるケースを考えます。製品の形状や顧客ごとの注文量にもよりますが、1台のトラックで複数箇所の顧客先を回って配送を行う（**混載**）作業はよく見られることです。また届ける製品が複数個あり、顧客によって届ける製品が異なる場合は、配送トラックに全ての配送物をうまく積み込まないと全部回れないことにもなります。また積み込み方と訪れる顧客の順番もマッチしないと顧客先での荷降

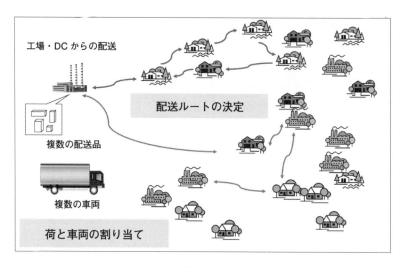

工場・DCからの配送

配送ルートの決定

複数の配送品

複数の車両

荷と車両の割り当て

図 4 - 1　配車問題のイメージ

ろしで時間が余分にかかることも起こりえます。

　トラックの運行については、さまざまな**制約条件**があります。トラックの形態や構造による物理的制約（車型、キャパシティー、バルブの位置、平積み vs. 扉付きなど）から人為的な制約（時間指定、車型指定、車番指定、ドライバー指定など）まで、荷主や運送会社でさまざまです。さらに最近はドライバー不足のため、ドライバーの労働環境からの制約（連続運転時間、休憩の取り方、週、月単位での休暇の取り方など）が特に重視されることもあります。

　荷主である届け先の顧客からは、種々の制約が課せられます。トラックの到着時刻に制限を加える**時間指定**（何時から何時までに到着すること、という意味）や、顧客施設の状況からトラックの大きさに関する制約（軒先制約や車型指定などともいわれる）がある場合もあります。特定の車両の使用を指定する場合には、**車番指定**とか**車両指定**という呼び方がされます。

　行先や物量が少ない場合には、トラックのルートやスケジュールを決めるのはさほど難しくはありません。トラックの台数が多くなり納入先から指定される制約が多々あると、ルートとスケジュールの決定は非常に複雑になります。

　例えば製造会社の一工場から製品を出荷する場合、毎日数百箇所くらいの行き先がある場合を考えます。これは特に珍しいケースではなく、数を問わなければどの製造業でもありうる話です。もし自社の車で配送を行う場合、何台のトラッ

クで運ぶのでしょうか。もし配送する顧客が配送時間の指定とかトラックの大きさ制限とか、トラックをつける場所とかの制約など、いろいろの条件を付けてきたらどうでしょう。それらを全部考慮して全てのトラックのルートとスケジュールを考えるのは、かなり面倒そうです。

特に**時間指定**というのは、計算の複雑さを増長します。というのも、一車で複数箇所を回る場合には、配送センターと顧客間の移動時間、顧客サイト間の移動時間がすべて分かってないと計算できません。移動時間が必要ということは、ルート情報や移動距離、トラックの時速が必要になり、更に朝晩の混雑状況はどう考慮するかなどという疑問も生じてくるでしょう。

いっそのこと、製品の数量と顧客住所を運送会社に渡して、運送会社にお任せでルートを計算し運んでもらうと言う手はどうでしょうか。只、それで後日請求される配送コストは果たして"最適な"、あるいは"最小の"コストなのでしょうか。

必要なトラックの台数が少なく済む場合は、それ程気にならないかもしれませんが、大きな工場で毎日何十台、何百台のトラックが使われる場合には、年間輸送コストは相当額になる可能性があります。その際に、配送コストは最小のコストになっているかどうかは、大変気にかかることと思います。時速の問題や複雑な制約条件があるにしても、やはり予め配車計算を行い、配送スケジュールを作成しておかないとビジネスとしては成り立ちません。また、是非とも最適なスケジュールが欲しいとなると配車はかなり難しい意思決定問題になります。

そこで数理アルゴリズムとソフトウェアの出番となるのですが、その前に配車問題のいろいろな構成要素について、もう少し詳しく見てみましょう。

### 4.1.1　配車の制約条件

上記のように、配車をする際には車の運行に関して様々な制約が課せられます。一番多くみられるのは、時間指定というもので、荷主が荷の到着時間に制限を加えるものです。通常は、何時何分から何時何分までの間という形が多いのですが、「朝一」とか、「午前中」などというやや曖昧な表現もあります。とはいえ、実は顧客の営業時間との関係でいつからいつまでが正確に決まっている場合がほとんどです。「制約無し」というのもありますが、やはり顧客の稼働時間内でということなので、大体到着の開始時刻と終了時刻は決まっています。

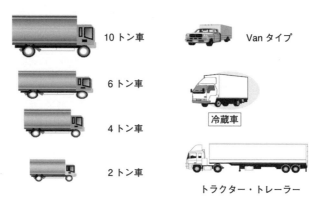

図 4 - 2　車型の例

　時間指定は、「からまで」の間に到着すればよいということなのですが、例外的なのもあって、建築現場の場合は「から」の前に到着し、その時刻まで待機するという意味になります。これはいわばアポイント方式とも言えるやり方で、荷降ろしのスケジュールが決まっているのでそれに遅れずに着いて欲しいという意味です。では、この場合の「まで」の意味は何かというと、遅れる場合の許容幅を意味します（０もありうる）。

　**遅れの許容幅**ということでは、通常の時間指定の「まで」から更に遅れてしまう場合で、その許容範囲が予め設定できる場合が多いかと思います。恐らく荷主としては遅れ無しがベストでしょうが、現実の話なので若干遅れるのは許容範囲とか、まあ繁忙期であれば仕方ないかなどという考慮もあります。因みに、時間指定幅を多くとればとる程、配車計算で必要な車の台数は減ります。逆に、あまり時間指定幅を厳しくすると台数が極端に多くなるという可能性があるので注意が必要です。

　次によく見られる制約としては、「**車型指定**」というのがあります。ここで車型とは通常車両の大きさや機能に関して車両を分類し登録したもので、その車型を指定する配送注文であるという意味です。例えば「４トン車指定」とか、「大型不可」などという言い方になりますが、それぞれどの車型が許容されるのか明らかにしておく必要があります。車型指定は、「**軒先条件**」とも呼ばれ、届け先の建物の状態や駐車場の広さによる制限からくることが多いようです。車型指定は通常は車両の大きさによるものですが、時によっては車の機能で区別する場合

もあります。食品運搬用の冷凍・冷蔵車とか、平積みなどの構造や扉の位置、液体を運搬するローリーのバルブの位置などの指定もあります。これらもやはり顧客先の事情によることが多いようです。

　車型ではなくて、個々の車両を指定される場合もあります。これを「車両指定」とか「車番指定」という呼び方をしますが、特定の車両のみ許されるという意味です。もし1台のみであればそれだけが許され、複数台あればそのどれかで来てほしいという意味になります。車両とドライバーが紐づけされている場合には、ドライバー指定という意味で車両指定されることもあります。「車型制約」と「車両制約」が両方あることもあり、両方満足するべきなのか否か、またどのような車型の定義なのかなどに注意をしないと、矛盾することになるので注意が必要です。

　指定のやり方で、特定の車型や車両を指定せずに、車の特徴で制約が課せられることもあります。例えば「GPS付き」とか「ロゴ無し」などという例があります。場合によっては、タイヤの種類まで特定する場合もあり、多くの詳細な条件が課せられることもあります（某大手企業の配車計画作成の際に、50種類までの付帯条件を加味するようなケースもありました）。尚、これらは配車の際にすべて満足すべき条件となりますが、一般的に制約が多ければ多い程必要台数は増え、よって配送コストも上がるということを念頭に置くことが必要です。特に日本では制約条件が複雑で多いことが見受けられ、配送コストとの兼ね合いでどこまで縛るべきか荷主とともに議論する必要があるのではないでしょうか。

### 4.1.2　配車の最適化目的

　ここでいう最適化目的とは、配車の際に何を目指すか、つまり何を最小化又は最大化するのか、という意味です。一般的には「効率が良い配車」を目指すわけですが、効率が良いということは具体的に何か、あるいは数値化して最小化・最大化するのは何かという点に帰着します。

　もし費用を最小にする場合は、配送コストということで、車両のルートとスケジュールに合わせて計算される総配送コストを元に、上記の制約条件を守りながらできるだけ費用の少ないスケジュールを見つけるということになります。但し、配送コスト計算は時として非常に複雑で、ドライバー休憩の開始時刻や長さまで全て計算しないと配送コストが分からないという場合もあります。また、逆

に専用車の場合には、その日1台使うのであればどう使うにしても費用は同じ（厳密には燃料費とかメンテナンスで違いはでますが）という場合もあります。そのような点を考慮して、配送費用よりは総走行距離とか総稼働時間を最小にするということもあります。また最大化する場合は、売り上げなどが対象となります。

配送費用、走行距離、稼働時間は大体ポジティブな相関関係にあるので、どれを最小化しても似たような答えが求まることは考えられます。但し、詳しく見ていくと若干の違いはあるので、それぞれを最適化目的と設定した場合にどのような答えがでるのかを比較検討して決めるのがお勧めです。また、一番明確な指標として、総台数を設定することもあります。その場合でも、車型の使い方次第で総台数が違ってくるので、台数が少ないからと言って総費用が少ないということではないかもしれない点に注意すべきでしょう。


## 4.2　配車問題の分類

配車問題といっても多種多様で、業界や企業によって大分内容が異なります。制約条件や配車目的は似たようなものがあることは多いのですが、細かいところでの特殊要件や数値化されてない事情もあり、問題の設定とモデル化、解き方にはそれなりの工夫が必要です。その意味で、ここでは問題を解く立場から見た配車問題の種類を論じてみます。これらの場合分けによって、モデル設定や解法アルゴリズムが異なってきます。


端末配送：定番の倉庫・顧客間の場合

配車問題の大きな分類としては、出荷地と納入先の数があります。典型的な例としては、出荷地が一つの倉庫で、納入先が顧客先として多数ある場合です。配車問題の多くはこのタイプの問題と考えられます。これを図にすれば、**図4-3**の左端の形になり、「1対N」という呼び方ができます。これは一つの配送センターからその日のうちに複数の顧客先に荷物を届けたいという場合で、在庫のある配送センターから数か所から数千か所までの届け先へ配送したい場合です。尚、ここでは個々の配車問題を解く範囲での話なので、日本全体で届け先は数万か所あるけど地域ごとに配車をしているので1か所単位ではせいぜい数百件程度

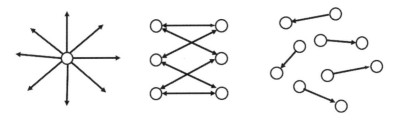

図4-3　出荷地と納入地のパターン（左から1対N、N対N、分散型）

の届け先があるという場合は、地域ごとの問題を対象とします。

　通常、配送センターから他企業向けに配送を行う場合（B to B）などは、行先数はせいぜい数十から200〜300か所程度ですが、宅配便で個人向けに商品を届ける場合などでは行先が数百から数千になる可能性もあります。

　メーカーから顧客先への納入をする場合は、大体この「1対N」パターンになります。従って世の中にある配車問題は、このケースが多いのではないかと考えます。

幹線輸送：拠点間を大型車で輸送する

　倉庫・顧客間配送に対して、**拠点間輸送問題**というのもあります。これは主に自社内やB to Bに限られていて、大型の拠点（工場や配送センター）間で物のやり取りをするパターンです。この場合、拠点数はさほど多くなくても荷量は多くなる（つまり台数も増える）傾向があります。これを図にすると、図4-3の真ん中の形で「**N対N**」の問題とも呼ばれます。具体例としては、メーカーでの**幹線輸送**（工場、倉庫、一部大型顧客間）とか、郵便や宅配便の幹線配送、特殊製品（自動車など）の幹線輸送などがあります。要は、拠点N箇所間でお互いにやり取りする荷物がある場合に対応します。尚、厳密には出荷地数と納入先数は異なるケースもあるので、N対Mというのが正確かもしれませんが、出荷若しくは納入無しの拠点もあるとすれば、N対Nですべてが網羅されます。

　N対Nの配車は運送業ではよくあるパターンですが、製造業の幹線配車でもよく見られます。例えば、工場や配送センター間で大型車による製品や資材を相互に配送をする場合には、それぞれで出荷と入荷がありうるということになります。ここでN箇所の拠点ですが、規模の違いが多少あっても大体同じサイズと

考えられます。また一部の大型顧客先も行先に含めるとなると、倉庫や大型顧客を含めた混載ルートの可能性も考慮することとなり、長距離便やクロスドックを含んだより複雑な配車をすることにもなります。

### 分散型の荷量は幹線輸送の特殊形

N対Nの特殊な形として、**分散型**（図4-3の右端）というのもあります。これはN対Nのように拠点が大体決まっているのではなく、行先が順次スポットで入るような場合を含み、不特定多数の荷積み場所と荷降ろし場所があるようなケースです。この分散型は、タクシーや引っ越しを行う運送会社で見られるパターンで、全車貸し切り状態で荷を運び、荷降ろしが終了した段階で次の荷積み場所に向かうようなケースです。

配車問題の数からすれば、前述の1対Nのパターンが圧倒的に多いのですが、使われる車両数からすると必ずしも1対Nの方が多いとは言い切れません。というのも、N対Nの問題では、拠点間の幹線輸送であるがために荷量も多く、使われる車両台数も多くなる傾向があります。例えば日本全国を対象として宅配便の配車問題を考えた場合には、トラック数は数千台から数万台になることもあります。しかもこのような全国版の幹線便配車は、一部地域を切り離すことが難しいので、全体を一つの問題として考えなければならず、分解してより小さな問題にするというのも出来にくくなります。

### 端末輸送と幹線輸送は別アルゴリズムで解く

上記のような3種類の配車問題で一番注意すべきは、それぞれ別の配車アルゴリズムが必要になるという点です。端末輸送（1対N）の問題に関しては、世にある多くの配車ソフトウェアが大体適用できるはずです。また、実装されているアルゴリズムも大体似ています。ところが幹線輸送（N対N）や分散型（N対N）の問題に関しては、定番型のソフトウェアとアルゴリズムはあまり役に立ちません。というのも、1対N型の輸送では特定の出荷場所からスタートする配車ルートを作ればよいので、同じ方面で混載可能な行先を纏めてまずはルートを作るという簡易手段があるからです。

一方で、N対N型の幹線輸送の場合はその方針はあまり賢くありません。というのも、車両はすべての拠点から出発する可能性があるので、当初はどの拠点

からスタートするべきかが明確でないことに起因しています。例えば、幹線輸送の場合では満載で出発しても帰り荷があるかどうかわからないので、一旦帰り荷をセットしても、実は到着後にはなかったとか、逆向きに往き荷とした方が良かったとか、明らかな簡易ルールがないからです。このような状況なので、幹線輸送の配車には後述するルート生成による最適化アルゴリズムがお勧めです。

　同じように分散型の場合も車両の出発点が複数ある場合や、荷積みの開始地点が複数あるので、1対N型の端末輸送用のアルゴリズムには不向きです。このタイプの問題も、可能なルートを多数生成してその中から最適な組み合わせを選ぶようなアルゴリズムが適していると言えます。


1回での納入先数

　1回の配送で、何か所の納入先を回るのかというのも問題の分類指標になります。極端な場合として、幹線輸送などで見られるように一か所向けで満載になる場合行先数は1ですが、宅配便のように1回の配送で数十から数百か所まで回る可能性がある場合には、基本的に質の異なった問題となります。一概には言えませんが、大体行先数が5程度を超え始めると、異なるアルゴリズムで配車をした方がよいという感覚です。行先数が多くなればなるほど可能なルートの組み合わせの数は爆発的に増えますので、最適化をしようとすればより難しい問題になります。逆に満載で行先が1か所であれば、ピストン輸送をするだけなので混載の可能性はなくなり、後は出発時刻をどう設定するかだけとなり、問題が単純化します。

　これまでの経験で、1回の納入先が2〜3か所であれば、トラック台数が100台あっても、計算時間はせいぜい1秒から数秒程度で終わることが多いのですが、1回に数十か所以上回る場合には、計算時間が数分から数十分かかることも稀ではありません（勿論最適化をある程度実行するという前提ですが）。


複数出荷地、マルチデポ

　上記のN対Nの場合ではなく限りなく1対Nに近いのですが、例えば倉庫が2か所あり、そこから多数の顧客先に配送する場合はどうでしょうか。この場合厳密にはN対Nですが、出荷地が2か所（3か所、4か所でも基本同じ）でNが遥かに大きいのであれば、やはり1対Nの解き方を拡張して解いた方が正し

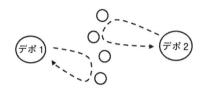

図4-4　出荷デポが2か所の場合、距離の境界線上が微妙となる

いと考えます。ここで面倒なのは、2か所の倉庫の使い方と車両の関係です。

　届け先への製品がどちらの倉庫から出しても良い場合、二つの倉庫からの配車計算を同時にすればより効率的な結果が得られる可能性があります。逆にもし完全に倉庫別に問題をセットするしかない場合は、別々に1対N型を解いた方が効果的でしょう。又注文の出荷場所が決まっていても、一つの倉庫から出発する車両が別の倉庫にも立ち寄ることができる場合は、両拠点を同時に配車最適化する方が良い結果が得られるはずです。

　どちらの倉庫からも製品が出せる場合に、より近い倉庫から製品を出すというルールを採用すると問題は単純化します。但し、ボーダーラインにあるような注文の割り当てが紛らわしくなります。特に時間指定の絡みやその近辺にある注文との組み合わせにもより、境界線に近いところの届け先はどちらから出すのが良いのか微妙になります。また製品在庫数に限りがありそれを考慮したい場合も複雑になる可能性があります。これらの場合、最初の解は近場ベースで作り、その後順次改良の可能性があれば、改善をするというようなアルゴリズムがよいでしょう。詳しくは後述のアルゴリズムで紹介します（**図4-4**参照）。

　車両が2か所の倉庫に分かれていて出発地点が決まっている場合は、それぞれの製品を配送した後に他の倉庫に立ち寄り、元の倉庫に戻る道すがら他の倉庫の荷物を配送する（帰り荷の一種）ことが考えられます。この場合も、まずはそれぞれの倉庫からの配車を行い、その後帰り荷として処理できるかどうかを探りながら改善を図るようなアルゴリズムが考えられます。

　いずれにしても、このように複数デポでの配車問題というのは、種々の条件で微妙な結果になることが多いので、ソフトウェアによるベンチマークを行いながら業務に合わせた最適なやり方は何かを探るような分析が必要となります。

製品在庫の準備時刻

　倉庫にある製品が予め全て揃っていて、配送開始時刻から荷積みが始められるという前提であれば問題はありませんが、場合によっては荷物が準備できる時刻が決まっており、配車開始時刻にはすべての荷物があるわけではないケースがあります。例えば出版業界の配車問題というので、夜中から明け方にかけて、印刷物（新聞や雑誌など）が出来次第配送を始めるという例があります。出版物がいつできるかというのも実は正確に分かっているわけではないので、出来次第配送を掛けるというのが実情のようです。よって、例えば全て午前 0 時に車両がデポを出発するという答えは非現実的になります。

　荷の準備完了時刻は**リリースタイム**とも言われ、このような問題ではできるだけ正確に荷のリリースタイムをデータとして作成し、それに合わせた配車を行うことが肝要です。特に配車計画がなく、荷物待ちをしている車両が辛抱できずに即出発となっているような場合には、最小台数より数倍の車両台数を使っているかもしれません。このような場合は配車システムを導入することで多大の効果を得ることができますが、リリースタイムをいかに正確に予測するかがカギで、配車アルゴリズムの問題だけではないかもしれません。

　また、荷物を中継して配送を行っているネットワーク上での配車の場合も同じような制約が現れます。つまり、前の中継拠点からの荷量を待って荷積みを行い、その後で次の拠点へ出発する場合は、いつ中継荷物が着くのかによって、積載率つまり配車台数も大きく変わってきます。このような中継を前提とした配車については、運送業でのネットワーク配車として荷量の到着を予見できるような仕組みが必要になります。これについては後述の運送業の配車システムでさらに議論します。


液体輸送

　運搬物が箱モノではなく、特殊形態の場合は特別な配車をする必要があります。例えば液体を運ぶ例としてタンクローリーがあります。ローリーの場合、タンク中に間仕切りがあるかどうかが一つの目安になります。間仕切りがなく、単一製品を運ぶ場合（水とか灯油等）は、通常の固体（箱もの）を運搬するケースとモデル上ではさほど変わりはありません。

　一方で複数製品を運ぶ場合には、タンクに間仕切りがしているわけで、どの製

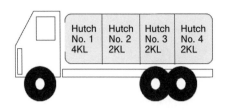

図4-5　間仕切りのあるタンクローリーの例

品をどのサブタンク（ハッチ）で運ぶのかということも決める必要が出てきます。更に化学製品を運ぶような場合、前の運搬で使われた製品と次に運ぶ製品の組み合わせによっては製品汚染が起きる可能性もあり、洗浄という余分な作業が入ることもあります。1日に複数回転をする場合には、前後の製品の割り当てによって、帰着後に洗浄のための余分な時間が必要になるかもしれません。その場合、スケジュールを組む際には、ハッチへの製品割り当てを最適化したり、帰着後に洗浄時間を入れる処理が必要になります。

　石油を個人宅に配送するような場合は、ほとんど宅配便の配達と同じで、数多く（数十以上）のサイトをまわる配車問題になります。従って後述する宅配便の例と大体同じで、前述の末端輸送の例とそれ用のアルゴリズムを参照ください。

　間仕切りのあるローリー型のタンクトラック（**図4-5**）を配車する場合、一回の往復で訪れる顧客数は限られているので（数か所程度）、後述する解法ではルート生成最適型のアルゴリズムがお勧めです。但し、そのようなソフトウェア・パッケージが見つからない場合とか、独自開発（線形計画ソルバーによるモデル化など）が難しい場合は、ローカルサーチ型の一般的な配車ソフトでも解ける可能性もあります。しかし、あまり最適性は保証できないこととなります。石油製品配送の例については、後述の配車事例のセクションも参照ください。

### 近距離と長距離運転の場合

　大部分の配車問題は、同じ日に全て配送し終わるというケースですが、中には長距離配送で日をまたがる配車スケジューリングをする場合があります。

　長距離の場合、ドライバーの稼働時間が長くなることもあるので、さらに制約条件が追加されることになります。これらは法令上の制約が多く、実情とは若干の乖離があるかもしれませんが、配車計画では法令順守した結果を作るべきなの

で無視はできません。また運転にかかわる法律は適宜変更されることも多いので、法令に関する最新情報を参照する必要もあります。尚、法律の内容については、配車の制約としては解釈しにくいこともあるので、モデル化をする際にはどのような形の制約として入れるかで工夫が必要です。

　ドライバーの稼働時間に関する制約としてよく知られているのは、所謂「430」条件というのがあります。これは4時間の連続運転の後に、30分の休憩時間をとらなければならないという労働基準（平成13年国土交通省告示第1365号）で、荷役（荷揚げ又は荷降し）間の運転時間が4時間を超す区間を含むルートを作成する場合には考慮が必要です。但し、4時間を超える区間のどの部分で休憩をとるのかは任意性があり、4時間以内のいつでも休憩を取れば条件をクリアできることもあるので、一定のルールで計算することが一般的です。とはいえ、休憩なしで4時間1分かかる区間があると、4時間運転し30分休みの後1分の運転というような計算結果になるので注意が必要です。

　また往復で数日間かかるような場合には、16時間の稼働後に仮眠時間8時間をとるという制約もあります。これもどの地点で仮眠をとるのかはドライバー次第で、どの区間のどの部分で（大型の駐車場とかサービスエリアの場所）仮眠を取れるのか不明でしょうから、配車計画としては16時間後に即8時間仮眠を入れる等の単純化を採用することになります。但し、前述の430ルートとの絡みで、30分休憩を仮眠時間に繰り込むことも可能なので余分な休憩を入れないような注意が必要です。

　仮眠制約の可能性がなくて、430制約を自動的に入れたい場合には、後述の拠点間の移動時間を計算ロジックに組み込んで、移動時間が4時間以上かかる2拠点間の移動時間に430を反映させた移動時間とすることも可能です。この場合はどの地点で30分休憩をとるかは明示されませんが、430制約を気にせずに配車計算ができるというのがメリットとなります。


　JIT 配車

　日本の自動車メーカーなどで使われているジャストインタイム（JIT）製造方式は、部品メーカーの配送問題にも厳しい制約を課している現状となっています。JIT の概念は、完成車メーカーでは部品の在庫を極力抑え、必要なタイミングで部品メーカーが必要な量だけを完成車メーカーの工場に納入するというもの

です。従って、部品メーカーでは正確な部品数を頻度高く届ける配車スケジュールを作らなければなりません（例えば同じルートを1日数十回配送トラックが運行する場合もある）。このようにある意味特殊な配車となるJIT方式ですが、部品メーカーでは専門の担当者がいて配車計画をExcelの表により手作りをしていることがよくあります。配車作業をソフトウェア化することも可能ですが、制約条件が非常に多いので、かなり工夫がいる開発になります。このような**JIT配車**で見られる主な複雑性について解説します。

部品工場と完成工場はそれぞれ多数あるので、通常は間にクロスドックを置いて集荷と納入を分けて行うことをします（クロスドックの配置最適化については、第3章の拠点配置を参照）。部品ごと工場ごとによって納入タイミングが違っているので、集荷と納入の頻度も別々になります。そして製品ごとにクロスドックでの仕分けが必要となり、納入便に十分な製品量が集荷されているかとか、その仕分け作業も終わっているかなどの考慮が必要になります。

同じルートを何度も回るケースでの注意点ですが、ルート内にあるすべての拠点を毎回同じ製品量で同じように回るのであれば単に時間をずらせばよいだけのことですが（バスの運行と同じ）、実際には毎回若干の変化があって同じスケジュールではないこともあります。そうなると途中の拠点で便の逆転（便のより若いものが後に到着する）が起きる可能性もあり、混乱を避けるために禁止されています。また、完成車工場は1日24時間稼働ではないにしろそれに近いので、前日最終便と翌日最初の便が重ならないようにする必要もあります。

JIT配車では車両のスケジュール以上にドライバーのスケジュールも複雑です。車両は24時間稼働してもよいのですが、ドライバーは最大労働時間の制約がありますので、1車両につき2人、場合によっては3人が割り当たることもあります。その際にはどの時点でドライバーの交替をするか、場所はどこになるのかで制約が課せられることになります。また休憩時間や、長距離の場合の430制約や仮眠の挿入など、厄介な要件を満たさなければなりません。

このような要件をクリアしながら、運行可能なスケジュールを長年組んできたエキスパートには驚くばかりです。只、担当者の実力次第で結果が変わること（属人化）や統一したルールが纏められていない可能性もあり、やはりシステム化して標準化されたビジネス・プロセスにする必要があるのではないでしょうか。

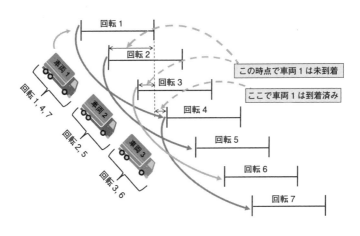

図4-6　同じルートを複数車両で運行する例

JIT配車のような複雑で高度な運行形態は日本以外では取り入れられる可能性は当面低いのではと考えます。しかしながら、自動運転を視野に入れると状況は変わります。いずれ実現する自動運転を基本とした次世代物流システムでは、連続運転で1日数十便も稀ではないかもしれません。そうであっても、まずは人間ドライバーに合わせた配車システムを開発し、その経験とノウハウを持って自動運転配車システムに移行するのが道筋かと考えます。詳しくは、後述の次世代物流システムを参照ください。

同一ルートを複数回巡行する

JIT配車でも見られる現象ですが、同じルートを複数便巡行する配車の場合、ひとつのルートについて何台の車両が必要かという疑問が起こります。これは、1日1回配車ルートを辿るだけの配車では起こらない問題ですが、同一ルートで複数便の場合、実質何台の車でカバーできるかという問題になります。**図4-6**の例では、あるルートを7回巡回する場合ですが、最小でも3台の車が必要です。

別ルートが同じ拠点から出ていてルート間で車両の共有を行うことが可能であれば、さらに車両台数を減らすことができます。**図4-7**の例では、車両2の回転A2の後に車両3の回転B1（もしくは車両4の回転B2）を入れることができ

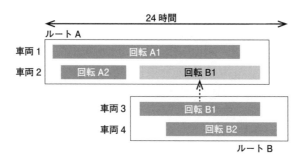

図 4 - 7　別ルートを複数車両で運行する例

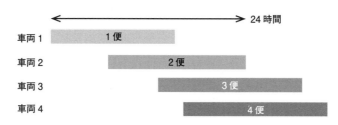

図 4 - 8　同一ルートの複数日便の運行

ます。これにより台数を 1 台減らすことができます。

　複数便のあるルートで、1 便で日をまたがってしまう場合には（夜遅く出て翌日朝に帰着するなど）、複数日にまたがって車両の使い回しができる可能性があります。これは**たすき掛け（襷掛け）**とも言われ、航空機の国際便でも生じる現象です。例えば、往復で 1 日以上時間がかかる便を毎日運航するには 2 機以上の機材が必要になります。また 1 日 1 便であればさほど難しくはないのですが、複数便を出している場合にはやや込み入ったスケジュールの組み合わせになります。

　**図 4 - 8** の例では車両 3 が 3 便を担当し車両 4 が 4 便を担当すると、それぞれ帰着するのは翌日の午前中になります。各車両が 1 便を担当すると 4 台の車両を使うことになります。24 時間で見ると、**図 4 - 9** のようになります。

　図 4 - 9 では毎日同じ車両が同じ便を担当することになりますが、日によって異なる便を担当しても良いとすると、1 日目に車両 1 が 1 便の後に 4 便を担当し、車両 2 が 3 便を、車両 3 が 2 便を担当するという運行もできます。これによ

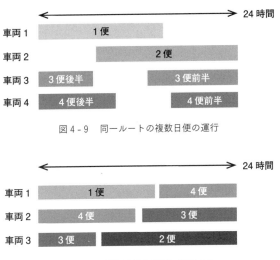

図 4 - 9　同一ルートの複数日便の運行

図 4 -10　複数日便を交互に運行する

り全体で３台の運行が可能になります。例えば、**図 4 -10**では、一つ目の車両は
車両１運行の後、２日目に同図車両２の運行を行い、その後３日目には車両３の
運行をして元に戻ります。別の車両は車両２の運行から始め、次に車両３の運行
を行うなどとなります。このやり方は一見複雑に見えますが、デポに帰着した車
両がすぐ次の便を担当すると考えればごく自然なやり方とも言えます。

## 4.3　走行距離と時間の計算

　配車計算を行う際には、拠点間の距離と移動時間が必要となります。２拠点の
住所から緯度経度を取得することは、地図ソフトやウェブなどによって簡単に行
えます。緯度経度の与えられた２点間の直線距離を求めるのも簡単ですが、直線
距離に基づいた移動時間はどうしても現実的ではありません。直線距離を道なり
分として２〜３割増しにして修正を加える手もありますが、場合によっては途中
に河川、港湾、山岳などがあることもあり、単純な修正にも限界があります。ま
た高速道路の有無によって移動時間の方は大幅に違ってくる可能性もあります。
　２拠点間の道路ルートを求めるのはウェブを使っても可能ですが、配車計算で
は複数拠点間のルート計算と距離・時間の値が必要になりますので、手計算で対

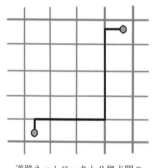

道路ネットワークと2拠点間の　　　　　　実際の関東の道路ネットワーク上で
最短ルートのイメージ　　　　　　　　　　2点間の最短ルートを示した例

図4-11　道路ネットワークと時間距離計算イメージ

応できる手間ではありません（例えば1,000か所のサイトがあれば、約50万回の
始点終点の組み合わせ計算がある）。

　多数の拠点間のより正確な移動時間と距離を求めるには、道路ネットワークを
使ったソフトウェアによる計算が望まれます。道路ネットワークというのは、全
国の交差点の緯度経度と交差点間の道路種別（高速、国道、県道、市道など）と
距離が連携づけられたデータ構造のことです。カーナビやスマホの地図でも道路
ネットワークは使われていますし、地域別にデータとして購入することも可能で
す。

　ここではそのような時間距離計算のアルゴリズムの詳細については省略します
が、イメージとしては図4-11のような道順を配車計算のために予め実行するこ
とが必要になります（左図の碁盤の目は、実際は右図のようなネットワークとな
る）。

　この計算では、道路種別に平均時速を設定して2点間の最短ルートを見つけ、
ルート区間ごとの距離と平均時速からルート全体の距離と時間を計算します。こ
のような距離計算用のツールとデータもセットで販売されているので、購入する
ことが可能です。但し、そのようなパッケージでは、どこまで詳細な道路種別を
取り入れるとか、平均時速をどうするかなどのパラメーターがあるので、配車の
目的に合わせた設定に気を配ることが重要です。

　尚、拠点間の時間と距離計算は、出荷元（工場、配送センター、倉庫など）と

納入先（顧客、配送センターなど）の住所が全てわかれば、配車計算とは別に予め計算することができます。配車ソフトウェアの中には、配車計算と拠点間の時間距離計算を同時に行うものもあるようですが、やり方によっては余分な時間がかかることになり、あまり効率的な計算方法とは思えません。配車計算をしているうちに、拠点が増えたりすることもあるかもしれませんが、その都度時間距離計算の追加分だけ行うこともできます。それにより、時間距離計算を配車最適化の前に実行すれば、全体の計算時間を大幅に減らすことができます。

## 4.4 配車問題の解法

　配車の解法アルゴリズムには大きく分けて2種類あります。一つ目は**ローカルサーチタイプ**といって、初期解を求めてその後すこしずつ改良していく方法です。余談ですが、これはトヨタの「カイゼン（改善）」に似た手法で、現状から少しずつでもよくしようということで、長く続けていればいずれベストに近づくだろうという期待に基づいています。

　2番目は**ルート候補生成**と**線形計画法**を用いる方法です。これは、まずは理論的な最適解を参考にベストな解を探索しようというもので、最終的に最適解が求まるかもしれないし、そうでなくても最適解からの乖離幅が計算出来て、より客観的な判断ができるなどの利点があります。一方で、理論（つまり線形計画法とか、整数計画法など）をよく理解していないとモデルは作れません。

　それぞれに特徴もあるし、これらのバリエーションや折衷型もあり、やや混乱するかもしれませんが、それぞれの基本を理解しておくとソフト機能の限界や妥当性が判断できると思います。


ローカルサーチ型

**ローカルサーチ型**というのは、**局所探索法**とも言われる方法です。種々のソフトベンダーや大学関係者がアルゴリズムにいろいろな名前をつけているので、若干紛らわしいかもしれませんが、基本的には同じ考えで動きます。具体的な名前でいうと、遺伝的手法（ジェネティック・アルゴリズム）、アニーリング（シミュレーテッド・アニーリング、焼きなまし法）、タブーサーチ、発見法的手法（ヒューリスティック）、などです。最近ではAIと称して内容不明のものもあり

ます（これらを筆者は「アルゴリズムのマーケティング」と呼んでますが、よくわからない名前に惑わされないことが肝要です）。

　一般にこれらの手法では、二つのステップがあります。まず**初期解**を見つけるのが最初のステップで、次が**逐次改善ステップ**です。

　最初の解をどうやって見つけるかは、多数のやり方があって網羅できない程です。極端なのはアニーリングにあるように空の解（何も決めてない配車結果で0台に0注文を割り当てる、つまり何もしない）から、ある程度何らかのロジックを使ってそれらしい解を求めるというのがあります。因みに最初の解は何でもよいというアニーリングは、次のステップで頑張る（時として永遠に）というアイデアです。理論値を使うやりかたとして古典的なのはセービング値を使うというやり方で、他には巡回セールスマン問題（Appendix A を参照）の解法を借用する手もあります。毎日配車する場合は、前週の同じ曜日の答えを参考にするとか、前日の答えから出発するのでもよいかもしれません。要するに、良さそうな答えから出発すればさらに良い解が見つかり、最適化に近づくのにもそれ程時間がかからないだろうという考えです。勿論これは期待であって、確かな保証があるわけではないのですが、経験からして大体妥当であるということです。

　因みにもっともポピュラーなやり方は、どこか遠くの注文をまず見つけてそれだけのルートを作り、その道すがら近場で出来るだけ他の注文を拾うというやり方です。これは最初の注文へはいずれ行くので、その途中で混載できるものがあればルートに取り込むという趣旨で、理想的な形である花びら型の答えになるという期待もあります。

　ローカルサーチの次ステップは**逐次改善**ということで、人間が直観的に改良案を探すのに似ています。つまり、大幅な改革は考えずに、ごく一部を変えた時によりよい答えが見つかるかということです。しかもその判断を瞬時に行い、改善があればそれを即採用し、何度もそのような改善を続けるという方法です。例えば図4-12のように2つのルートがあり、それぞれに車両が割り当てられている場合、途中の点Xを車両Aのルートから引き抜いて車両Bのルートに入れる変更をして移動距離とか移動時間が改善するかどうかを見るようなことをします。改善があればそれを取り入れて答えを修正し、再度似たような改善を探すことを繰り返します。

　これでうまくいけば、このような改善トライをすべての点と車両に繰り返して

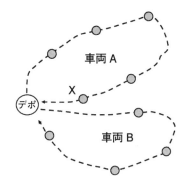

図4-12　ローカルサーチ型アルゴリズムの改善

みれば良いわけです。もし1個の点を交換しても改善が見つからないところまでいけば、次には2個の点を車両間でスワップしてみるということも考えられます。1点交換より2点交換の方がより可能性が増え、より深い改善を探せるのですが、計算時間はより多くかかります。

　ここでのポイントは、ごく一部を変更して改善があるかどうかを見ることと、修正を施して瞬時に改善があるかどうかの判断ができるかということです。簡単な変更であるほど、計算はより短くなるはずです。また単純な改善でも、それがあれば必ず見つかるはずです。しかも複雑な改善も、単純な改善の組み合わせであることが多く見受けられます。従って、このような単純改善を長く続ければ、いずれはかなり最適解に近づくだろうという期待はそれ程的外れではないだろうということになります。

　只、注意すべきは、実は最適値に近づくという保証はどこにもなく、場合によってはいつまでやっても変な局所解にはまってしまい、なかなかそこから抜け出られないという現象も偶にあります（**図4-13**のイメージ参照）。

　このような偏極な点（**局所最適解**と呼ばれます）から逃れるために工夫されたのが、時々ガラッと場所を変えてみるというアイデアで、それを改善探索に時々取り入れるというやり方です。この時々ガラッと場所変えをするやり方は、アルゴリズムによって種々の呼び方がされています。遺伝的アルゴリズムでは突然変異といわれ、ウィルスの変異に似ています。タブー値を設定して逆戻りしてでも脱出を図るというのがタブーサーチ、また初期解を複数個用意するやりかたもあ

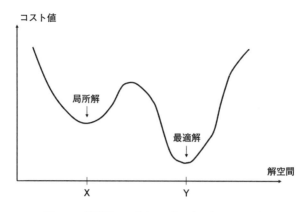

コスト値

局所解
↓

最適解
↓

解空間

X          Y

図4-13　局所解Xで止まって抜け出せないイメージ

ります。アニーリングなどは、ゼロ解答から出発し延々と改善を図るのですが、局所解対策の場所変えを取り入れても、そもそも出発点が良くないのでどれだけ時間がかかるかはわかりません。但し、力まかせに長く続ければ改善は見つかるはずなので、最近は量子コンピューターでも採用されています。

　これらのやり方でどれが良いかは一概には言えず、結局は具体的なデータを用いて、実際に試すしかありません。とは言っても、一般的にはある程度計算時間を掛ければ改善は見つかりそれなりの答えが見つかるというのが経験則です。また改良後の最終解から、人間が更なる改善を探すのは多分難しいので、最適解に近く見えるはずです。いずれにしても、それぞれの手法でうまくいく場合とうまく行かない場合があり、具体的な例で試すしかないと言えます。

ルート生成型
　ルート生成型のアルゴリズムは、可能なルートを大量に生成し、その中から最適な組み合わせを選ぶという方法です。ローカルサーチ型もルートの候補を生成はしているのですが、一つの車両に対して一つ生成した後にすぐ採用とし、その後一部修正しながら改良を探すというやり方です。それに対して、ここでのルート生成方法は、全ての拠点を網羅すべく実行可能なルートを多数（数千から数千万まで）生成し、その中から複数の車両に対して最良の組み合わせを一気に選ぶというものです。一旦選ばれたルートは、通常更に改善とかは行われず、そのま

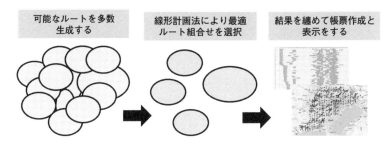

可能なルートを多数
生成する

線形計画法により最適
ルート組合せを選択

結果を纏めて帳票作成と
表示をする

図 4 -14　ルート生成型のアルゴリズム・イメージ

ま車両に割り当てます（**図 4 -14**のイメージ参照）。

　ルート生成を使った配車アルゴリズムでは、２つのステップがあります。初め
のステップではルートを大量に生成する処理です。問題の大きさにもよります
が、可能なルートの数は多くの問題で無数にあります。例えばその日100か所の
行先がある場合、そのうちの２か所を組み合わせて混載するルート数は4,950通
り、３か所を選んでいくルートは161,700通りあります。更に４か所、５か所と
広げればその数は急速に大きくなるし、行先も100か所ではなくて200とか300か
所ともなれば一気に莫大な数となります。勿論、組み合わせの中には時間指定か
ら混載が無理な場合とか、まるで逆方向で混載する意味もないルートも含まれま
す。従って、ルートの生成を行う場合には、通常ある程度のスクリーニングをし
て効率が悪い候補は除外するようにします。また、次に組み合わせ最適化をする
ので、残ったルート候補には評価関数に従って最適化すべき値も計算します（例
えばルートの費用とか走行距離など）。

　ルート生成型アルゴリズムの２番目のステップは、多数生成されたルート候補
の中から最適な組み合わせを選ぶことです。これは例えば、10万個のルート候補
の中から、ベストな100個のルートを選択するというようなことで、最適化とい
うのは選択されたルートの費用合計が最小になるようなものを選ぶということで
す。このような最適化は、一次方程式を作りその方程式を解きながらコスト最小
の解を見つけるという処理に還元することができます。線形一次方程式を使って
最適解を見つけるには、**線形計画法**という手法が使われます。一度配車問題が線
形計画問題として落とし込まれれば、後は機械的に一次方程式を解くだけで、そ
れには通常専用の**線形計画ソフトウェア**（以下**ソルバー**）を利用します。

線形計画ソルバーには商業用に開発されたソフトが多種あり、それぞれ特徴や設定パラメーターがあるので、解法アルゴリズムの原理をよく理解する必要があります。特に組合せ問題を線形計画法で解く場合には、答えが0か1でなければならないという条件がつくことになり、**整数計画法**という分野の知識も必要となります。尚、整数計画法は他の物流最適化問題（例えば、前述の拠点配置や庫内のロボットスケジューリング）にもよく使われるので、そのノウハウを取得するとその利用範囲は広がります。

## 4.5　配車事例と投資効果

　ここではこれまでに我々が実際に開発に携わった事例を紹介します。会社名は明らかにはしませんが、それぞれの業界での大手です。以下では、配車システムの内容とともに、なぜ配車システムが必要になったのかというビジネス環境も考えてみるとさらに参考になるのではと思います。

### 4.5.1　石油元売りの例

　日本の石油元売り業界での配車システム導入は1990年代から2000年代にかけて盛んに行われました。当時はバブルもはじけて、各社ともコスト削減テーマに取り組んでいた時代で、物流部門がそのターゲットとされていました。筆者がかかわったのも丁度その時期で、大手の某石油元売りでシステム開発が始まったのは大体1995年前後でした。

　当時の石油元売りでの配車問題は末端のガソリンスタンドへの配送が大きなテーマで、全国にある数千のガソリンスタンドへどうやって石油製品を配送するかというのが日々の配送スケジューリング問題でした。

　前述の液体配送の例でも分かる通り、石油製品の配送にはタンクローリー車が使われます（図4-5参照）。1台のローリーには4個から12個くらいまでの間仕切り槽（ハッチ）があります。一つのハッチには2キロリットル（以下KL）か4KLの製品を入れることができます。車両の区別は全体の最大積載量で行われ、6KLから20KLまで、さまざまな車型のローリーが使われています。

　元売りが石油製品を在庫している場所は油槽所とよばれ、大体各県に1か所程度あります。需要が多い都市部（関東地方など）では、もっと多くの油層所が配

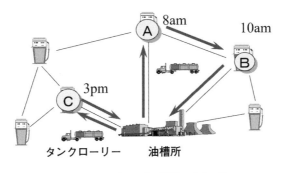

図4 -15　タンクローリー配車のイメージ

置され、そこから毎日タンクローリーによって石油製品が配送されています。運
ぶ量については、前日までに各ガソリンスタンドから注文が入る受注方式で、注
文量に合わせて製品を運びます。注文量は日々変わり、運ばれる当日前の締め切
り時間（昼12時とか）までに注文を入れる必要がありました。注文により配送量
が変わりますから、結果として毎日異なるルートで車両を運行する必要があり、
そのルートとスケジュールを組む配車担当者にとっては、大変な仕事でした。特
に午後の時間帯は多量の注文データとギリギリに入る修正注文などを見ながら格
闘が続き、手作業による配車計算は深夜まで行われることもあったようです。

　このような事態を打開すべく、全国で使える配車システムの開発を各元売りと
も手掛けたのが1990年代後半です。実は、当時はタンクローリーの配車作業は運
送会社の担当者が行っておりました。元売りは翌日の注文データを運送会社に渡
すと、運送会社の方で配車をして翌日の配送計画を作り、それに従って実際のロ
ーリー配送が行われていました。運送会社としては、最小コストで効率のよい配
車をしますという前提で計算を行い、その結果翌日発生した配送コストを元売り
に請求をするという内情でした。前提とはいえ、元売りで配車結果が最小コスト
かどうかを検証していたわけではないので、まあそんなもんかという感じで運用
していたようです。

　筆者らが1995年当時に呼ばれた理由はまさにこの点で、本当に最小コストなの
か、そうでなければ何が最小コストの案なのかをソフトを使って計算してほしい
ということでした。

　石油タンクローリーの配車問題は、独特の制約が多数存在していました。元売

りの担当者が計算できないのももっともな話で、顧客先での条件はもとより、車両に関する制約も数多くあり、運送会社だけがそれらを考慮した配車計画を手計算により作成できていたというのもうなずける話です。従って、我々が最初に行ったのもそのような制約条件の纏めで、それらをどうモデルに反映させるかが最適化モデルの鍵となりました。我々の開発した配車モデルについては、参考文献[4-1]に簡単に紹介されています。

　2年程の開発期間を経て、結果的には整数計画法を使った最適配車システムは現場に採用されて、全国2,000台近いローリー配車システムとして稼働しました。当初どれほどの台数削減効果があったのかというのは正式には発表されていませんが、非公式には約10％程度の減車効果があったという話は聞いています（注：米国ではOR学会や物流学会での発表を通じて紹介されることもよくあるが、日本企業はこのような数字を公表しないことが多い）。

　ここで10％の台数削減の意味を考えてみると、2,000台のローリーは年間300億円程度の物流コストとなり、その10％にあたります。当時の元売りの年間の経常利益はせいぜい数百億円程度であったので、この投資効果は決して小さくはありません。また、開発費用からすれば、費用回収期間として数か月程度であったのではないでしょうか。更にこの元売りはその後他の元売りを吸収合併してローリー台数を3,000程度まで拡張したということなので、最適配車による効果は10年間の累計で200~300億円になったのではと推測されます。

## 4.5.2　自動車部品配送の例

　日本の自動車産業は、ジャストインタイム（JIT）で知られているように緻密な在庫管理方法によって独特の品質の良さと競争力を発揮してきました。この在庫管理方式を支えているのが、部品工場から完成車工場への部品供給サプライチェーンです。特に、Tier1と呼ばれる部品メーカーから自動車メーカー工場への部品納入は頻度と正確な部品数量の管理で大変複雑で、多くの現場のノウハウがあります。

　ジャストインタイムの工場ではできるだけ在庫を持たないという原則ですので、完成車工場でも出来るだけ部品は在庫せずに、部品メーカーが必要な時に必要な量の部品を届けるということになります。ということは、部品メーカーの工場から完成車工場へ向けて、頻繁に部品の納入をする必要が生じ、実際には一つ

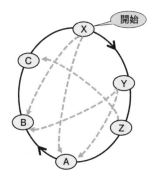

荷積み：X, Y, Z

荷卸し：A, B, C

荷量：

ルート：

注：1日40便程度、全ての便で
荷量があるとは限らない

図4-16　自動車部品配送ルートのイメージ

のルートで1日に数回から何十回部品を届けるという配送が行われたりしています。

　そのような配送を実現するためには、やはり事前の配車計画を作る必要があり、数年前までは人手で配車作業が行われていました。尚、配車といっても、上記のローリーのように毎日ルートが変わるものではなく、自動車メーカーの生産計画に従ってほぼ月単位でスケジュールを立てるのが普通です。

　とはいっても、自動車メーカーの生産計画も最近では経済環境によって大幅に変化するので、それに合わせて迅速に配車スケジュールを作成するのも大変な作業です。

　しかも、自動車部品の納入に関してはかなり面倒な制約条件が課せられており、それを順守する配車計画を作るのは、長年経験のあるエキスパートでもなかなか難しい作業です。

　そのような厄介な制約条件の一例として、便の順行性というものがあります。ここで便とは、複数拠点を同じ順序で1日複数回運行する際の1回の配送を意味します（図4-16参照）。そこで便の順行性とは、全ての拠点で便の順番が逆行してはならないというルールです。例えば、図4-16のようなルートで、納入するべき工場が3か所あり（図ではA, B, C）、1日40便程納入がある場合を考えます。便と便の間隔は20〜30分程になりますが、全ての拠点で1便から始まり、$n$便の後に$n+1$便が到着しなければならないということです（$n = 1, 2, \cdots, 39$）。これだけ聞くとごく当たり前に聞こえますが、実は40便がすべて同じ拠点を回るわけではありません。つまり便によってはある拠点をスキップすることがありま

す。一拠点での荷役作業は数十分かかるので、スキップしてそのまま行けば簡単に一つ前の便を追い越すことが起こってしまうわけです。

　必要に応じてスキップする便の途中に待ち時間を入れればよいということにはなるのですが、荷主としてはできるだけ不必要な待ち時間は避けたくなります。また、ドライバーの制約として途中に昼食休憩や休憩時間をとることも必要なので、それらを待ち時間に当てはめるなどの処理が望まれます。

　いずれにしても、このような途中スキップの入るルート上で便毎に荷量を変えた荷役時間と移動時間、休憩時間、待ち時間の計算を行うことは人手ではほぼ無理という状況でした。つまり、問題を簡略化し、例えば荷量がなくても全ての拠点に止まることにすれば、問題はずっと簡単にはなります。

　1日複数便の運行では前述した襷掛けの配車も必要となります。このほかにも種々の制約条件があり、それらを全て守った上で配車台数をできるだけ少なくする、或いは正確には配送費用を最小化するというのが荷主側の当初の希望でした。例によって、数年かけて要件と仕様を固め、システム開発が行われ、システムは完成しました。

　一方でいろいろと学ぶところもありました。一番の収穫は、コスト削減を目指した配車スケジュールのバランスの良さと総費用はトレードオフにあるということです。つまり、ドライバーや倉庫側の仕分け担当者に優しいスケジュールは、必ずしもコストミニマムではなく、より余裕のあるスケジュールにすればするほど割高になるということです。このような結果は配車モデルを作り種々の条件を設定してシミュレーションしなければ分からない知見です。それが分かれば、あとは意思決定者がどのレベルで手を打つかということになり、1円でも安くという当初の目論見はあまり現実味がないことが判明したわけです。

　尚、この事例での投資効果は不明です。荷主側からの発表は一切なくて、配送コストの削減ができたのかどうかは興味があるところですが、分かってはいません。但し、大変面倒で属人化していた手計算が大幅に標準化され自動化されたメリットはあったようです。

　それにしても、このように同じルートを1日数十回配送するというような配車は日本の自動車産業でしか見られない運行方式で、それなりのノウハウになるとはいえ、若干ガラパゴス的かもしれません。一方で、今後配送トラックの自動運転が実現すればいろいろなところで採用される可能性はあるので、先進的な配車

であるのかもしれません。また、究極的には部品工場と完成車工場の配置を考え
て途中の部品配送を無くすという物流ネットワーク構築の可能性もあるのではな
いでしょうか。更にEV（電気自動車）の生産ともなれば部品数も減るので、サ
プライチェーンの形も変わり部品供給配車も大幅に変化するのではと考えます。

## 4.6　Edelman ケース3：米国の宅配便　FedEx と UPS

　次の記事は、2011年11月の日本OR学会の学会誌「オペレーションズ・リサー
チ、経営の科学」（参考文献［4-2］）に掲載された記事です。米国ではFedExと
UPSが宅配便ビジネスに関して果てしなき競争を続けていますが、それぞれの
秘策について解説しています。尚、現在ではネット通販の隆盛に伴い、Amazon.
comも参加した三つ巴の戦いが続けられていますが、それについては第7章で
解説します。

〰〰〰〰〰〰〰〰〰〰〰〰〰〰〰〰〰〰〰〰〰〰〰〰〰〰〰〰〰〰〰〰

### エデルマンの勇者たち
絶対マジに OR、FedEx と UPS の仁義なき戦い

1．はじめに
　表題は、参考文献［1］のFedEx（Federal Express）に関する論文からきてい
る。この論文は、FedExの創業1973年から1990年代に至るまでの歴史とOR手法が
いかに関係してきたかを解説する大変興味深い論文である。元々この題名は、
FedExのビジネスモデル、"Absolutely Positively Overnight"（絶対本当に翌日配
達）からきている。今では英語で「宅急便で送る」というのを "fedex it" と言う程
日常化した社名であるが、そのサクセス・ストーリーの裏には、ITとOR技術の駆
使という事実が隠されている。
　現在FedEx会長のFed Smith氏はウォールストリート紙やCNBC（ビジネス専
門チャネル）も認める米国産業界の超有名経営者である。最近では、FRBのバーナ
ンキ議長よりもスミス会長の方が景気判断は正しいという話もあるくらいだが、そ
のSmith氏の起業に纏わる話は今では伝説となっている。例えば、その昔エール大
学の経済学部の学生であった時に、タームペーパーに現FedExの原型となる航空
便による配送業務ビジネスモデルを書いたそうである。だが当時の先生からの評価

はCであったとか。又FedEx創業まもない頃、どうしても資金不足の時期があり、ある晩ラスベガスで一か八かの賭けに出て数倍にしたという話もある。創業のころは、航空機を使った配送サービスはあまり普及しておらず、パイロットの稼働や運航ルートに対する多くの規制があった。それらを一部掻いくぐり、またある時はワシントンに自ら出向いて政治家を説得し、今のビジネスを築き上げた。

さて論文 [1] の話に戻るが結論を簡単に紹介すると、FedEx では創業当時から飛行機1機追加するにも、新拠点を1か所オープンする場合にも OR 手法を使ったシミュレーション分析を執拗なほど行ってきた、ということである。しかも、会長自ら率先して分析結果を重視してきた。この点は非常に大切な点で、後述する宅配便ビジネスの複雑性を理解すると成程と頷ける事実である。

一方の UPS（United Parcel Service）は創業102年と歴史も古く、長年全米で宅配便ビジネスを続けてきている超大型企業である。FedEx の昨年の売り上げが約40億ドルに対して、UPS は約50億ドルである。ざっと言って、両社ともヤマト運輸の3～4倍程度である。

Edelman 賞とのかかわりは、UPS は2007年に finalist となっている。UPS はこの2007年の事例（参考文献 [2]）で、航空機を使った配送ネットワークの構築に最適化手法を使ったプロジェクトを紹介している。このプロジェクトの意味合いは後ほど紹介するが、UPS は2007年の Edelman コンペ参加以来、IFNORMS への積極的な参加が目立つ。今年の春の大会では、新しい INFORMS の賞として "UPS George D. Smith Prize" という賞のスポンサーにもなっているし（参考文献 [3]）、セッションでの発表も数件に及んだ。一方で FedEx は1972年に INFORMS Prize を受賞している以外 Edelman 賞への参加もなく、学会活動が活発化している UPS と対象的である。

## 2．宅配便のビジネスモデル

さて宅配便のビジネスモデルについて簡単に解説しよう。単純に言うと、宅配便はある地域（米国、日本、世界など）で起点住所から終点住所に小包を運ぶビジネスである。効率化のために、集荷や配送は複数のトラックを使って行われ、複数回の積み降しを経て荷物は目的地に着く。つまり、配送ルートと積み降し拠点を繋ぐ配送ネットワークが使われるわけである。具体的には、一つの地域で集荷された荷物はその地域の配送センターに集められ、行き先によりソートされて纏められ、大型トラックで別の配送センターまで運搬される。行き先に近い配送センターでは他

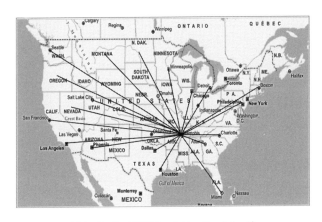

図1　FedEx の米国ネットワーク・イメージ

の配送センターから来た荷物とその地域内の荷物を集めて再度ソートし、翌日の個別配送の仕分けを行う。このような集荷、拠点間輸送、配達はすべて輸送ネットワーク上の拠点（つまり配送センター）を通して行われる。

　宅配便の効率化は、このような配送ネットワークをどう作り、どのような輸送や拠点の使い方をするかということが鍵である。配送ネットワークの構造によって、提供できるサービスの内容やコスト、ビジネス戦略やその将来性も変わってくる。つまり配送ネットワークの構造自体、宅配ビジネスにとって根幹ともいえる存在であることが分かる。では、実際の例として FedEx の例を見てみると、次のような図1になる。

## 3．問題の複雑さはどこに

　基本的なネットワーク構造が決まると、それを元にした業務スケジューリングが必要になる。これは、各拠点での集荷、ローカルなソート、他の拠点への輸送手配と配送スケジューリング、他拠点からの集荷便の到着後のソート、翌日配達のスケジューリングという一連の流れを計画することである。この業務スケジューリングに宅配便ネットワーク問題の本当の複雑さが隠されている。まず、拠点間の輸送問題は各拠点間の荷量が分かれば、標準的なマルチコモディティー・ネットワークフロー問題として定式化できる。拠点数が極端に多くなければすぐに解けそうな問題ではあるが、それだけを最適化したのでは全体業務の最適化にはならない。というのも、問題は拠点でのソート業務である。FedEx で「最後の小包がソートされるま

で帰り便は出ない」と言われているように、拠点でのソートと輸送スケジュールの同期がとれていなければならない。しかも拠点でのソートには処理能力があるので、まるでランダムに拠点へ集荷便が着くのではソートしきれず時間切れになる恐れもある。この点が宅配便ネットワークスケジューリングの難解な所以である。OR 的に言うと、拠点間輸送が整数計画法で解けても、拠点でのソート作業が非線形なシミュレーションでしかモデル化出来ないとなると全体最適化は容易ではない、ということである。それ以外にも宅配便ならではの問題点もある。

- 荷量はその日の夕方にならないと分からない
- 母の日やバレンタインデーのような特異日がある
- 荷量変動によるトラック台数の確保が難しい
- 航空路線キャパシティーも超す可能性がある
- 到着時刻がずれるとソートも遅れる

ではこの問題をどのように解いているか、それぞれのアプローチを見てみよう。


## 4．FedEx のネットワークは一点集中主義

　FedEx のネットワークの特徴は、集荷の荷物を全米規模で1か所に集めてソートをかけるという点にある（図1）。このネットワーク構造によって、全米翌日配達というビジネスが可能になるし、これ以外に効率的な解は考えつかない。昼間に集荷された荷物は夕方から夜間にかけて全てスーパー・ハブのメンフィスに集められ、巨大なソーターによって深夜にかけて仕分けられる。その後早朝までに集荷に使われた飛行機が起点の拠点に戻り、再度ローカルなソートがされる。仕分けが済んだ荷物は即トラックに乗せられ、朝一からの配達が開始されるという仕組みである。

　FedEx ネットワークの特徴は、メンフィスでのスケジューリングをうまくすれば、残りの拠点でのスケジューリングは比較的簡単になるという点である。逆に言えばメンフィスでのスケジューリングが複雑になってしまうということかもしれないが、そこをクリアすれば全体のスケジューリングはうまく出来るであろう。更に一端全体スケジュールができてしまえば、拠点を1か所増やすのもそれほど他の拠点に影響を与えずにスケジューリングが出来そうである。他と比べて、FedEx 型ネットワークは計算が一番楽であろうと考えられるが、その分だけメンフィスでのハード・ソフト費用が高いと言うことであろう。

## 5．UPS のネットワーク最適化は後発

　UPS のネットワークについては、FedEx ほどの特徴はなく、数百か所のメジャーな拠点が航空機とトラック輸送網でつながれている。これは、UPS の歴史がトラック輸送による宅配便として100年前から徐々にビジネスを拡大してきた経緯によるものと思われる。

　特に1980年代まで、UPS による全米での翌日配送はなく、西から東海岸までは最低でも２日、陸送の場合には数日かかっていたが、1985年からはアラスカ、ハワイも含めた翌日配達サービスを開始している。このサービスはやはり FedEx との競争上不可欠であろうし、時代の流れから必然のものであっただろう。

　現在は、ケンタッキー州ルイビルにメジャーなハブを置き、その他６か所に地方ハブを、残り100か所以上の空港に配送センターを置く構造をとっている。UPS がこのネットワークを設計管理するための本格的ツール作りに入ったのは1990年代に入ってからである。MIT のバーンハート教授を中心とした OR グループの助けを受け、UPS は2000年より整数計画法を実装した VOLCANO システムを導入した。以後 VOLCANO は、航空機の構成や新規購入 vs.リースの意思決定や、ルート変更、スケジューリングなど分析にも使われている。VOLCANO による投資効果は、初めの２年間で＄87 million 程度と推定され、以後10年間で＄189 million 程度の効果があると報告されている（参考文献［2］）。

　VOLCANO で使われている解法ではモデルの作り方に特徴がある。対応するマルチコモディティ・ネットワーク問題を解く場合、フロー変数と投入機材変数をそのまま投入すると大型になり過ぎる。そこで、あらかじめフローと機材を組み合わせた変数の取り方に工夫をし、小型化して問題を生成し、それを市販ソルバー（CPLEX）で解いている。

　UPS での OR を使った業務効率化は最近速度を増しているようだ。今年春の IN-FORMS の大会でも、２、３のアプリケーションについて発表を行っている。特に印象に残ったのは、ドライバーのハンディーターミナルに最短距離探索ソフトを昨年漸く導入し、１日当たりの走行距離が10〜20マイル減少したとの報告があった。キャリア20年のベテランドライバーが、あり得ないと信じなかったアプリで、更に走行距離が短縮されたというのは全くの驚きだったという。又ドライバーの作業時間を10秒短縮するだけで、＄8 million のコスト削減が出来るという報告もあり、全社をあげて OR を駆使して効率化とコスト削減に取り組む姿勢が強く感じられた。

図2　FedEx の AsianOne ネットワーク
（出所）http://www.fedex.com/as/services/asiaone/routemap.html

## 6．グローバル戦略

　中国と欧州で激しい覇権争いをしている両社であるが、それぞれのグローバル戦略はどのようなものであろうか。この点については、両社とも OR 関係のジャーナルに論文を載せているわけではないので、一般株主情報をもとに考えてみる。

　まず FedEx であるが、米国での一点集中ネットワークを世界規模で拡大するのがその戦略と思われる。つまり、アジアとヨーロッパでそれぞれ巨大ハブを真ん中に置き、周りに衛星的な拠点を展開するという考えである。これらのハブを米国メンフィスや国際ハブのインデアナポリスと繋ぐことによって、世界的な効率的なスケジューリングが可能になる。東アジアのハブは2005年にフィリピンから中国の広州白雲空港へ移している。このハブより、シンガポール、タイ、マレーシア、フィリピン、オーストラリアへ航空便が出ている（図 2 参照）。中国では既に40都市間での翌日配送サービスも始まっている。又2007年にはインドでの宅配便企業の買収も行っていて、インド国内での宅配便も始めている。インド・中国の主要な都市に配送センターを置いて、航空機による宅配便ネットワークを作れば米国ネットワー

クの仕組みとノウハウをそのまま適用出来るはずである。このようなネットワーク拡大にこれまでの OR ツールが駆使されているのは当然であり、欧州とのネットワークを繋げた巨大なハブアンドスポークシステムが出来つつある。

　UPS も基本的に同じ考え方であろうが、FedEx よりも若干遅れて2000年前後から本格的に中国や欧州に進出を始めたようである。その後2005年に広州市にアジアのハブを開設し、ドイツのボンにある欧州ハブとの翌日配達を開始した。最近では南米や東欧でも企業買収を盛んに行っており、グローバル化を急速に進めていることがうかがえる。

　両社に共通することは、ビジネスの将来性をサプライチェーン管理やグローバル・ロジスティックスに求めていることである。これは単に物を運ぶだけの運送業から脱却し、世界規模での物流最適化、情報提供サービスを展開するという考えで、ネットビジネスや IT 技術の進化とも協調するものである。

## 7．日本の宅配業と今後について

　では、振り返って我が日本の宅配便のネットワークはどうであろうか。日本の宅配便は、地方の宅配ネットワークが徐々に拡大して全国規模になった経緯から、言わば継ぎ接ぎで出来た感がある。又、未だにトップ（ヤマト、佐川、JP）も数理手法を使ったネットワーク分析には未熟のようである。勿論それなりの分析スタッフはいて何らかの分析が行われているのは確かであろうが、前述の米国2企業と比べるとはるかに数理的には遅れていると言える。理由は多々あると思うが、今後頭打ちの国内市場から脱却し、生き残りのためにもグローバルな戦略の展開が期待されるので、大きな不安が残る。特にグローバルレベルでの競争では、OR ツールによる分析は欠かせないはずで、早急に対応しないと日本は中国のサブネットワークで終わってしまうだろう。そもそも日本の宅配業者に勝ち目はあるのだろうか。その鍵は日本の製造業で、これをがっちり握っている限りチャンスは残っているのではないだろうか。

　尚、宅配便の配送センターは OR 問題がごろごろしている宝の山である。これからの成長のために日本の宅配業者にも、是非いろいろな側面で OR を導入し、グローバル化して欲しいものである。

## 参考文献

[1] Mason, R. O. et al., "Absolutely, Positively Operations Research: The Federal

Express Story," *Interfaces*, Vol. 27, No. 2, pp.17-36.

[2] Armacost, A. P. et al., "UPS Optimizes Its Air Network," *Interfaces*, Vol. 34, No. 1, pp. 15-25, January – February 2004.

[3] "2011 INFORMS Franz Edelman Awards Gala" (full length 1時間24分)

# 第5章

# エクセル・ソルバーによる最適化

　物流の課題を最適化問題としてとらえ、モデルを作って分析する例を紹介します。特にここではエクセルによりモデル化を行い、アドイン機能としてある**エクセル・ソルバー**を使って最適解を見つけるやり方について解説します。エクセル・ソルバーはエクセルに付属する機能で、これを使えば簡単に最適化ができる便利な機能です。この章ではエクセル・ソルバーでも最適化の効果が多大になりうることを簡単な例を用いて示します。

　例として一般的な製造業を考えてみます。既に前章でも紹介した通りに、製造業では種々の操業計画問題が存在します。例えば、さまざまな原料と複雑な工程で作られる製品の生産はどのようにして計画しているのでしょうか？　また、いくつもの配送拠点と多くの配送先をもった輸送ネットワークでは、どこから何処にどのルートで商品を運ぶのが一番経済的なのでしょうか。その時の配送センターの能力はどう決めたらいいのでしょうか？　工場や倉庫で働く作業員やアルバイトの人数や勤務スケジュールはどう決めるのでしょうか？などなど。

　このような様々な計画問題を解決する方法として、汎用性に優れた分かりやすいモデリング方法があります。一見異なって見える上記のような意思決定問題も、実は一つ大きな共通点があります。それは種々の関係を線形の式で表現できることで、加えて望ましい答えを評価する値も線形で表現できることです（正確には線形近似かもしれませんが）。一旦種々の関係を線形式として表現すれば、問題全体を線形の方程式としてモデル化し、汎用のアルゴリズムを使って問題を解いて答を導き、計画を作り出すことができます。このような線形モデルによる解法を**線形計画法**と呼びます。

　では物流に関する簡単な問題を取り上げて、実際にどのように関係式を線形モ

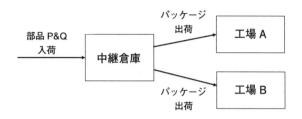

図5-1　中継倉庫の物流フロー

デル化し、エクセル・ソルバーを使って最適な答を求めることが出来るのかを紹
介します。尚、エクセル・ソルバーを使った更に詳しいモデリング法について
は、参考文献［5-1］を参照してください。

## 5.1　簡単モデルでも利益が8％アップ

　ごく簡単な物流問題として、ある中継倉庫を経由して2カ所の工場に2種類の
部品を送る問題を考えてみましょう（図5-1参照）。中継倉庫には部品Pと部
品Qが入荷します。それぞれ入荷・管理費用として、1個あたりPは1円、Q
は0.5円の費用が掛かります。その後倉庫から工場Aに対しては部品Pを1回の
出荷で60個、部品Qを30個ずつまとめてパッケージとして出荷し、工場Bに対
しては部品Pを30個、部品Qを60個まとめてパッケージ出荷します。出荷の収
入は行先にかかわらず、1パッケージあたり100円とします。問題を簡単にする
ため、中継倉庫は出荷業務だけを請け負って、配送はそれぞれの工場が倉庫まで
取りに来るとし、配送コストは考えなくてよいものとします。倉庫での最大取扱
量は各部品について36,000個とすると、それぞれの部品をどれだけ入荷して、工
場へはどれだけ出荷すると一番利益が大きいでしょうか。

　まずは、この問題を整理して表にしてみましょう。ここで出荷はパッケージ単
位であることに着目し、1パッケージ当たりの倉庫としての利益も計算してみま
す。これは1パッケージの収入から含まれる部品数分の入庫・管理費用を差し引
けば求められます。尚、表5-1では1パッケージ出荷を1回とします。

　一見すると、1パッケージ当たりでは工場B向け出荷利益の方が大きいので、
工場B向けの出荷を最大にするのがよいと考えられます。どれぐらい出荷出来

| 部品 | 入荷・管理費用 | 工場A出荷 | 工場B出荷 | 出荷可能量 |
|---|---|---|---|---|
| P | 1円／個 | 60個／回 | 30個／回 | 36000個 |
| Q | 0.5円／個 | 30個／回 | 60個／回 | 36000個 |
| 出荷収入 | | 100円／回 | 100円／回 | |
| 入荷費用 | | −75円／回 | −60円／回 | |
| 出荷利益 | | 25円／回 | 40円／回 | |

表 5-1　工場ごと出荷の利益計算

| | 工場A向け最大 | 工場B向け最大 | 等量出荷 |
|---|---|---|---|
| 工場A（利益25円） | 600回 | 0回 | 400回 |
| 工場B（利益40円） | 0回 | 600回 | 400回 |
| 利益合計 | 15,000円 | 24,000円 | 26,000円 |

表 5-2　出荷3パターンの利益比較

るかを計算すると、部品Qの最大量から、36000÷60＝600回出荷で利益は24,000円になります。しかし、実は次の表のように、どちらも等量（400回）出荷した方が利益は大きいのです。しかも、等量出荷すれば利益は工場Bのみ出荷に比べて、8.3％もアップします。このときPとQの出荷量は共に、（400×60）＋（400×30）＝36,000で数量制約に合致します。工場Aだけに出荷したケースも含めて、**表5-2**に3種類の出荷パターンの比較をします。

　この中では明らかに等量出荷が一番良いのですが、どうやってこのような解を見つけることが出来るのでしょうか。この程度の簡単な問題であれば、可能性のある組み合わせをいろいろと試してみて最も利益の上がる答えを見つけることは可能でしょう。しかし、原材料の種類が何種類もあり、作られる製品も数多い実際の工場の計画を作るにはもっと実際的で効率的な方法が必要となるはずです。また上記の等量出荷より良い答えはないのかというのも気になります。この問題の線形モデルを簡単に説明し、等量出荷解がベストであることを証明します。

　この倉庫出荷の問題について、出荷先の工場A宛てと工場B宛ての出荷回数をそれぞれ $X_a$ と $X_b$ とすると、得られる利益額を $Z$ とした式は

$$Z = 25X_a + 40X_b \qquad ①$$

となります。

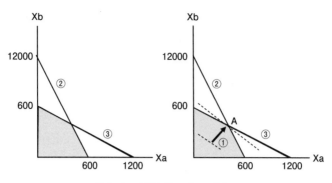

図5-2　中継倉庫モデルのグラフ

この式を以下では目的関数と呼び、これを最大化することを目指します。さらに、部品Pの出荷量を合計すると

　　　60Xa ＋30Xb

となり、

部品Qの出荷量合計は

　　　30Xa ＋60Xb

となります。それぞれに入荷出来る量の上限があるので、制約としては、

　　　60Xa ＋30Xb ≦36000　　　②

　　　30Xa ＋60Xb ≦36000　　　③

となります。これらを以下では制約条件式と呼びます。これに非負条件（出荷しないのは可能だが、負の出荷はない）、

　　　Xa、Xb ≧ 0

を加えて、線形計画モデルを完成します。

　これらの変数の関係を、横軸にXa（部品Pの出荷量）、縦軸にXb（部品Qの出荷量）、をとって、2次元のグラフで表してみましょう（**図5-2**）。

　図5-2で、②③が制約条件式です。これらの式の示す範囲で、実際に処理可能な領域をグラフで示すと図中の斜線で示された範囲になります。言い換えると、この斜線の中とそれを囲む線上にある全ての点がXaとXbの解の値として許されるもので、これらの点を**実行可能解**と呼びます。最適解として目的関数①に最適な（この場合は最大の）値を与えるXaとXbの組み合わせをこの中から見つけることが線形計画の解です。

この図に目的関数を書いてみるとどうなるでしょうか。①の式を Xb について書き直すと、

$$Xb = Z / 40 - (25 / 40) Xa$$

となります。これは図5－2で、右図の破線①のような－25／40の勾配をもって Z／40の切片を持つ直線で、Z の値、すなわち目的関数値が大きくなるに従って矢印で示したように上方に移動していくものです。

この直線が、制約条件の範囲内にあって、しかも一番高い位置となるのは、右図のように範囲の頂点（A）に接する状態になったときで、これが求める最適解です。この問題では Xa ＝400、Xb ＝400の点、つまりどちらも400ずつ送るのが最も利益が大きいと言うことになります（尚、さらに上に移動させると実行可能領域からはずれてしまい、現行解よりも良い答えは無い）。

この問題では変数の数が2つだったので、2次元グラフで表現することが出来ましたが、現実に使われるモデルでは変数の数ははるかに多くて、一般に使われるモデルでも数百はおろか数万、数百万というものもあります。そのようなモデルについてはここで説明したような目視法で解を求めることは出来ません。但し、線形計画モデルの最適解は実行可能領域のどこかの端点に存在するのではないかということが直感的に理解できると思います。

このような線形問題について、効率的に最適解を求めるアルゴリズムがあって、その中で一番基本になっているものが**シンプレックス法**と呼ばれる手法です。シンプレックス法については、ここではそのような算法が存在するということに留めて、むしろ、モデルを構築する方法とエクセルのアドイン機能として用意されているソルバーを使ってその計算を行い、計算結果を読み解くことに主眼をおきます。シンプレックス法やその他の数理的な解法については、参考文献[5-2]、[5-3] などを参照ください。

本章で使用するエクセル・ソルバーは、大規模な線形計画モデルを扱うにはあまり向いていませんが、それ程大きくないモデルについては十分な性能を有しています。エクセル・ソルバーを使えば、普段気が付かない意外な問題が簡単に解けて、多大の効果が得られる可能性もあります。一方で、大規模な問題に対しては、実務的には優れた性能を持った線形計画法専用のソフトウェアが市販され、広く利用されています。この演習ではエクセル・ソルバーを使って最適化計算を行うことにしますが、大規模モデルも同じ原理で解くことができます。

## 5.2　線形計画モデルの構築方法

　では、どうやって現実の生産工程や計画の問題を線形計画モデルに組み立てていくのでしょうか。先の例で方程式を使って説明したことから、線形計画モデルは式の形で表現しなければならないと思いがちですが、これは初心者には賢い方法ではありません。数学的な解法に重点を置いている従来の教科書でも、式の形でのモデル記述により簡単な構造の問題しか扱っていないことが多いのですが、初心者が実際のモデルを構築するには、これから述べる方法から始めるのが有効であると考えられます。これは、筆者らが長年実際の企業現場で数理モデル構築にあたってきた経験からきています。

　またここでは、モデル構築に必要なデータが全て整っているという前提で説明することにします（只、必要なデータの収集と標準化はきわめて重要で、かつ容易ではない、ということだけは強調しておきます）。モデル構築のステップとしては次のように考え、それぞれについて今回の例を使って説明します。


　①フローチャートの作成
　②各業務活動（アクティビティー）の入出力の整理
　③必要データの収集と標準化
　④変数名（業務活動単位：アクティビティー）と式（フロー）の名前の定義
　⑤モデル・マトリックスの組み立て
　⑥計算と結果の分析
　⑦感度分析、ケーススタディーなど


　フローチャートの作成

　どんな仕事でも、どこから手をつければいいか、というのが実は一番難しいところなのですが、線形計画モデルの構築については、対象とする業務や組織の仕事の流れをフローチャート（流れ図、**図5-3**参照）に書いてみることから始めることをお勧めします。経験を積めば、フローチャートを書かなくてもいきなりモデル作りに入ることが出来ますが、どんな場合でもまずは手を動かして簡単でもいいからフローチャートを作ることを勧めます。これによって、全体の入力と出力、業務毎の入力と出力、業務や工程をつなぐ物流と相互の関連などが整理出

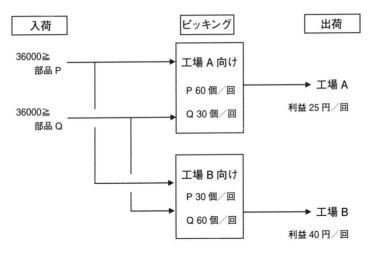

入荷　　　　　　　ピッキング　　　　　出荷

36000≧
部品 P

36000≧
部品 Q

工場 A 向け

P 60 個／回

Q 30 個／回

工場 A

利益 25 円／回

工場 B 向け

P 30 個／回

Q 60 個／回

工場 B

利益 40 円／回

図 5 - 3　中継倉庫の業務フロー

来、全体像をつかむことが出来ます。回りくどいようですが、このような全体の
イメージを持って仕事を進めることは、意味のあるステップであり、そこから新
しい発見やアイデアが生まれることもあります。

　問題の 2 カ所への出荷作業をフローチャートにしてみましょう。ここでのポイ
ントは、モデルに企業組織の業務分掌に合わせた構造を持たせていることです。
この例では、中継倉庫での業務を入荷、ピッキング、出荷の 3 つに分けて考えま
す。入荷は部品ごとに最大数が設定され、ピッキングでは各工場向けの部品を集
めてパッケージ化することを意味します。また出荷作業には、工場 A 向けと B
向けの 2 つの異なった出荷作業があることが明確化されます。フローチャートで
は、このように、全ての要素を区別して書いていくことが肝要で、それによって
仕事の区分やデータの種類を明らかにすることが出来ます。

　データを集める観点からみると、入荷、ピッキング、出荷という仕事は異なっ
た職務組織に属しているので、それぞれのデータについても、基本的なデータ提
供元はそれぞれの組織であることが明確になります。

　このようなフロー図に基づく考え方から、実際に線形モデルの要素である変数
とその関係式に持って行くには、まず求めるべき変数の定義と命名を行う必要が
あります。変数はフロー図に現れた各業務の仕事量ですから、ここでは例えば下
記のように仕事量を変数名に置き換えてやればよいことになります。

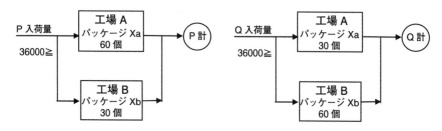

図5-4　部品PとQのフロー

・部品Pの入荷量：Xp（定式化には使われない）
・部品Qの入荷量：Xq（定式化には使われない）
・工場A向けのピッキング量（＝A向け出荷量）：Xa
・工場B向けのピッキング量（＝B向け出荷量）：Xb
・利益：Z

　次の仕事は各活動をつないでいるフローを関係式として名前を付けることからはじめます。この問題には2個の物（PとQ）の流れと1個のお金（利益）の流れがあることが分かります。そこで、一つ一つのフローに関して上記の活動を眺めてみましょう。それによって制約となる関係が式として定義され、その命名についてはその式の意味をとらえた命名法をとります。こうすれば、全体を構築する時も後から新しく追加するときも混乱がおきません。さらに、後で計算した解を分析する時も大変便利です。例題のフロー図から式に名前を付けてみましょう。

　部品PとQに関するフローはそれぞれ**図5-4**のようになります。

　それぞれの部品に関する制約式が図5-4で定義できます。また、利益に関するフローは**図5-5**のようになります。

　この利益のフローより、利益の計算式が定義できます。ここまでの準備ができた段階で、エクセルを開いてデータの設定と解法に移ります。

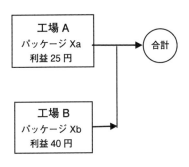

図5-5　利益のフロー

## 5.3　エクセル・ソルバーによる最適化計算

エクセル・ソルバーの開き方

最近のエクセルにはソルバーという数理最適化のソフトウェアが標準機能としてアドインされています。エクセル内でソルバーを開くには、エクセルのメニューバーから「データ」を選択し、「データ」のプルダウンメニューを開きます。その一番右端に「ソルバー（分析）」がありますので、それをクリックすればソルバーのパラメータ設定のためのサブ画面へ移行できます。もし、「ソルバー」オプションの表示がない場合には、エクセルのアドイン管理に行ってエクセルアドインの「設定」ボタンを押すとソルバーオプションを有効なアドインとして追加することができます。ソルバーの確認が出来たら、図5-4と図5-5のフロー図から中継倉庫の問題を以下に従ってデータとしてエクセルに設定します。

モデル・マトリックスの作成

エクセルのシートに**図5-6**のような表を作ります。

この表では2行目とB列は説明のための文字列をいれます。また、いくつかのセル（F5、F6）を除いて数値か文字列を入れています。セルのC4とD4はそれぞれ変数 $Xa$ と $Xb$ の値が入る場所なので、初めは0としておきます。行5は部品Pの合計に関する線形式を定義するもので、同様に行6は部品Qに関する式です。

セルE5は部品Pの使用量合計（つまり入荷量）なので、エクセルの機能を使って次のような関係式を入れます（これは、$60*Xa+30*Xb$ を意味します）。

| | A | B | C | D | E | F | G |
|---|---|---|---|---|---|---|---|
| 1 | | | | | | | |
| 2 | | 名前 | 工場A出荷 | 工場B出荷 | 部品合計 | 関係 | 最大値 |
| 3 | | パッケージ名 | Xa | Xb | | | |
| 4 | | パッケージ数 | 0 | 0 | | | |
| 5 | | 部品P数制限 | 60 | 30 | 0 | <= | 36000 |
| 6 | | 部品Q数制限 | 30 | 60 | 0 | <= | 36000 |
| 7 | | | | | | | |
| 8 | | | | | 利益合計 | | |
| 9 | | 利益 Z | 25 | 40 | 0 | | |
| 10 | | | | | | | |

図5-6　エクセルのシートに入力データを設定する

$$=SUMPRODUCT（C4:D4, C5:D5）$$

同じようにセル E6には次のような部品Qの使用量合計に対する関係式を入れます（これは、$30*Xa+60*Xb$ を意味します）。

$$=SUMPRODUCT（C4:D4, C6:D6）$$

利益合計の線形式を定義するために、セルの E9には次を入れます（これは、$25*Xa+40*Xb$ を意味します）。

$$=SUMPRODUCT（C4:D4, C9:D9）$$

ソルバー・パラメーターの設定

　上記のようにエクセル表によるモデル関係式が出来たら、続いてソルバーにおいて計算式の設定をおこないます。**図5-7** の画面は、エクセルから「データ」→「ソルバー」と選んだ際に出てくる設定画面です。尚この図では既に設定してある値が入っていますが、初めてこの機能を使う場合には全て空欄になっています。上記のように作ったシートの表に合わせて、この画面でのパラメータ値は次のように設定します。

● 「目的セル」は目的関数式を入れる場所で、利益合計のセル E9とする

● 「目標値」は最大値を選択

● 「変数セルの変更」は変数値のセルを指定する場所で、パッケージ数のC4からD4とする

●制約条件の対象は2種類あるので、2回追加ボタンを押す。例えば、1回目では以下を入れて OK を押す。

　・「セル参照」には「計算値」のセル位置でE5を入れる

図5-7 エクセル・ソルバーの設定

・「制約条件」には不等式の右辺の値で G5 を入れる
・両者の関係を結ぶ等号、不等号を中間にあるプルテーブルから選択

● 制約のない変数を非負数にするにチェックを入れる
● 「解決方法の選択」欄で「シンプレックス LP」を選ぶ

| | A | B | C | D | E | F | G |
|---|---|---|---|---|---|---|---|
| 1 | | | | | | | |
| 2 | | 名前 | 工場A出荷 | 工場B出荷 | 部品合計 | 関係 | 最大値 |
| 3 | | パッケージ名 | Xa | Xb | | | |
| 4 | | パッケージ数 | 400 | 400 | | | |
| 5 | | 部品P数制限 | 60 | 30 | 36000 | <= | 36000 |
| 6 | | 部品Q数制限 | 30 | 60 | 36000 | <= | 36000 |
| 7 | | | | | | | |
| 8 | | | | | 利益合計 | | |
| 9 | | 利益 Z | 25 | 40 | 26000 | | |

図5-8 エクセル・ソルバーの結果から最適値が表示される

最適化計算と結果

図5-7のソルバーのパラメータ設定画面から、下段にある［解決］ボタンを押すと最適化計算が行われ、問題がなければ最適解がテーブルのC4とD4に自動的に入ります（**図5-8**）。

また、画面には**図5-9**のような計算結果の概要が表示されます。設定で問題がなければ、このように「ソルバーによって解が見つかりました。。。」というメッセージが上部に表示されます。

この画面で、レポート欄から「解答」と「感度」を選択しOKをおすと、**図5-10**のような「解答レポート」と**図5-11**のような「感度レポート」がさらに別シートとして作成されます。それぞれを表示すると、次のような内容になっています。

解答レポート（図5-10）には、計算時間や反復回数、変数の値や制約式の状況などが記載されています。また感度レポート（図5-11）には、感度分析の結果が記載されています。感度分析とは、元の設定値を少しずらすとどれだけ結果が違ってくるかを示します。例えば、「潜在価格」に注目すると、これは制約が1単位ゆるまった時にどれだけ目的関数値（利益）に影響するかが示されています。これによって制約となっているボトルネックの影響度が分かり、操業改善の方向が示されます。制約量を変えて見ることはケーススタディーを行う上での基本です。これについては、さらに次の章でもう少し詳しく見てみましょう。

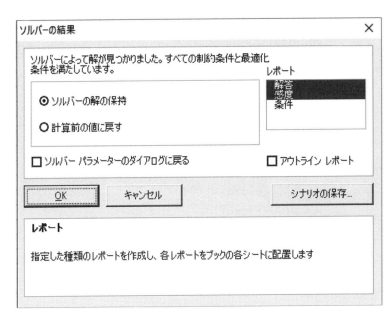

図5-9　ソルバーの結果サマリー

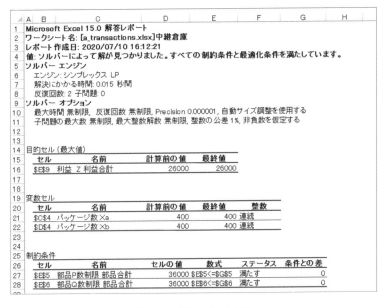

図5-10　解答レポートの例

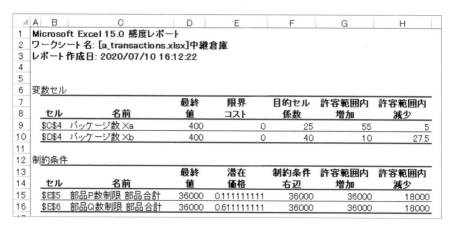

図 5-11　感度レポートの例

## 5.4　戦略案の分析

限界価格の利用法

　一旦エクセル・ソルバーによるモデルができてしまえば、パラメータの値を少し変えるだけで、物流戦略の分析が可能になります。例えば、先の例題モデルについて、仮に倉庫を拡大することが出来るとしたら、どちらの部品入荷を拡張することにした方がより大きな経済的な効果、言い換えれば、どちらの方がより大きな利益が得られるでしょうか。まずは、また2次元グラフを使って直観的に検討してみましょう。

　**図 5-12**のグラフは、部品 P と Q の入庫能力をそれぞれ2倍にしてみたケースを比較したものです。例えば、部品 P の入荷可能量を2倍にすると②の式は

$$60Xa + 30Xb \leqq 72000 \qquad ②´$$

となり、実行可能解の範囲は図 5-12の左図のようになります。そして、最適点における目的関数は図の B 点まで上昇出来ることになり、その時の目的関数の値（つまり利益額）は、

$$25（円／回）×1200（回）＝30000円$$

となり、もとのケースの利益額26,000円から4,000円の増収になります。

　このケースから、部品 P を1単位増加させる際の利益増加は

$$4000 \div 36000 = 0.111$$

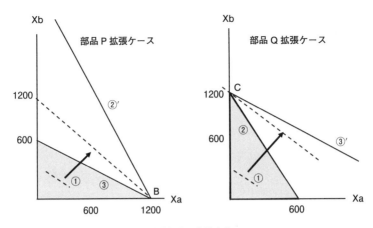

図5-12　倉庫能力が倍増出来るケース

から、約0.11円になることがわかります。

　一方、部品Qを2倍まで増やすことが出来る場合、③式は下記のようになります。

$$30Xa + 60Xb \leqq 72000 \qquad ③'$$

　実行可能解の範囲は図5-12の右図のようになり、最適解は図のC点になります。この場合、この図からも明らかなように部品Qの出荷を増やすことの方が目的関数の増加は大きいことがわかります。目的関数の値を計算してみると

$$40（円／回）\times1200（回）=48000円$$

となり、もとのケースの利益額26,000円から22,000円の増収になることがわかります。

　このケースから、部品Qの増加1単位あたりの利益増加は

$$22000 \div 36000 = 0.611$$

から、約0.61円になることがわかります。

　これは追加分の部品Qの単位価値が0.611円と言うことで、これが経済学的に言う**限界価値**です。限界価値は企業の活動において何らかの制約がある場合にその制約を1単位ゆるめることが出来た場合（あるいは逆にきつくした場合）に、全体の収益に及ぼす影響をいい、この例のような出荷の制約だけでなく、生産装置の稼働能力や販売可能量などについても企業活動の制約になっているものには必ずついて回るものです。逆にいうと、制約になっていないものの限界価値は0

で、その量を追加することによる価値増加は生じないことになります（余っている原料をいくら買い増しても利益はあがらないというのと同じです）。このような状況で、制約となっている資源は生産の**ボトルネック**になっているといいます。企業活動のボトルネック解消の効果をあらかじめ計算して、その解消を図るのは企業の計画立案ではきわめて重要なことであって、**制約理論（TOC）**による合理化もその基本の一つはこのボトルネック解消によるものなのです。

　線形計画法による最適化計算の大きな利点の一つは、このような制約に関する限界価値の情報が得られることです。線形計画法の計算ツールを使った感度レポートにはこの限界価値に関する情報が含まれていて、これを活用することによって、企業の操業改善や設備投資の意思決定などに対して的確な判断ができる材料となります。この例題では、分かりやすく説明するために、制約条件を極端に振らせたケースを上げましたが、実は、エクセル・ソルバーを使って計算を行えば、すでに部品ＰとＱの出荷に関する限界価値が示されていて（図5-11の感度レポート中制約条件の潜在価格を参照）、それによって部品Ｑを増加させた方が経済的な効果は大きいと言うことが明らかになっています。


　線形計画法の効用

　線形計画法は数理計画法と呼ばれる一群の数学的な手法の基礎となっている方法論で、コンピュータの発展も手伝って今日のさまざまな企業や行政の計画の効率化に大きな貢献をしています。最近では、単に計画問題の解法だけではなく、リアルタイムでの利用も活発です。実際に適用されているさまざまな事例には、以下のようなものが含まれます。


・公共事業や運輸業に関する問題：
　ゴミ回収車の配置・運行計画、配電網運用計画、ガス配管計画、通信ネットワーク計画、航空機の運行計画、倉庫立地計画、など
・製造業や食品産業の操業計画等に関する問題：
　ビール・清涼飲料の配送計画、各種飲料などの混合問題、製油所操業計画、鉄鋼業の製鉄所操業計画、セメント業の操業・配送計画、石油化学工場のエネルギー計画、設備計画、など
・農水産業に関する問題：

家畜の飼料の配合問題、農作物播種・栽培計画、水産加工場計画など

・金融等に関する問題：

　金融商品企画、利回り・リスク配分を考慮した投資先選択など


　このような数理的な手法は表面からは見えにくいので一般にはなじみが薄いのですが、至るところでその効果が現れています。例えば、鉄道における切符の自動販売機に組み込まれているルート別運賃の計算機能や、航空業界での機体や乗務員の勤務スケジューリングなどによって、大幅な経費削減が可能になっています。

# 第6章

# 倉庫内の物流問題

　拠点配置や配車問題は最適化アルゴリズムが適用される定番的なトピックですが、倉庫内にも様々な最適化のチャンスがあります。

　倉庫の基本的な機能は、物を一旦入れて在庫とし（入庫）、ある時間を過ぎた時点で在庫を出して送り出す（出庫）ということです。この物の出し入れの際に、種々の問題が発生します。例えば、入庫の際にその製品をどこに置くのか、在庫中に一部製品を移動させるのか、出庫の際にはどこからだすのか、複数製品（アイテム）の場合の順番はどうするか、などなどです。

　倉庫には大きく分けて2つのタイプがあります。一つは入ってくるアイテムの行先が入庫時点で決まっている場合で、通常倉庫内での滞留時間が短く、在庫せずに出荷されることが多く、仕分け型の倉庫（**仕分け倉庫**）と呼ばれます。特に滞留時間がせいぜい数時間以内の場合はクロスドックと呼ばれ、効率的に仕分けをして即出荷できるので人気があります。逆にアイテムの行き先が決まってない場合には、一旦アイテムを在庫させることになるので在庫型の倉庫（**在庫倉庫**）と呼びます。尚、通常配送センターという場合にはこの在庫型の倉庫を意味することが多いので、その意味で以下では倉庫という呼び方を使います。

　行先が決まっていても暫く在庫させる場合もありますが、その場合は在庫の行き先の顧客と何らかの約束事があり、あえて在庫時間をとるという設定になっています。例えば、**VMI**（Vendor Managed Inventory）といって、顧客先での製品在庫レベルに応じてベンダーが適宜納入できる場合などがそれにあたります。

　異なるタイプの倉庫で、別々の最適化問題があるので、いくつかを以下に解説します。特にここでは最近需要が増えている**ネット通販**に特化した在庫倉庫について主に取り上げます。多くの倉庫では未だに人手でオペレーションが行われて

いるのが現状ですが、ここでは今後増える傾向にある自動化された倉庫での最適化も考慮します。

　物の流れからすると入庫での最適化から始めるべきかもしれませんが、全体の流れを考える必要があるので、まずは出庫のオペレーションであるピッキングについて考察します。ピッキングでのポイントを踏まえたうえで入庫での最適化を考えれば、倉庫の全体最適化が理解しやすくなるものと考えます。

## 6.1　ピッキングの問題

　在庫倉庫から製品を出荷する際には、**ピッキング**と呼ばれる作業を行います。これは、出荷対象の製品を保管している棚から取り出して出荷場所へ送り出す作業のことです。このピッキングは、これまでは手作業により行われるのが主流でしたが、最近になりアマゾンのようなメジャーなネット通販ベンダーを中心に、**自動システム**が盛んに取り入れられています。自動システムの最適化を論じる前に、基本を理解すべく手作業で行う場合についての最適化を考えます。

　手作業で行うピッキングの場合、まず当面の時間帯で対象となる顧客注文を選び、それに対してピッキングする製品リストを作ります。尚、どのくらいの時間帯でどの注文をピッキングの対象とするかという一歩手前の問題もあるのですが、それは一旦決められたものとして話を進めます（詳しくは後述）。

　ピッキングオペレーションでは、対象となる製品を保管棚からピックすると、それらの製品をオリコンと呼ばれるプラスティックのコンテナに入れ、コンベヤー等で出荷場所に移動させます。それを受け取った出荷場所ではオリコンから製品を取り出して、注文毎に製品を纏めて箱詰めし、行先別に仕分された箱をトラックに積み込んで出荷します。

　作業員によるピック処理の例としては、**図6-1**のようなイメージを参照してください。ここでは作業員は開始点から出発し、丸印から製品を取り出して開始点に戻ります。例えとしては、スーパーマーケットで食料品を買うときの感じです。

　オーダーピッキングとバッチピッキング
　複数製品を多量に在庫している場合、ピッキングには2通りのやり方がありま

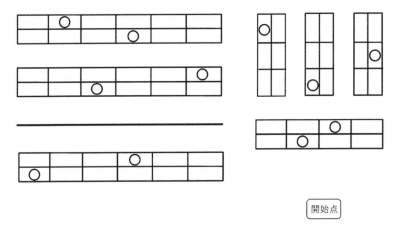

開始点

図6-1 ピッキング作業のイメージ

図6-2 オーダーピッキングとバッチピッキングのフロー

す。一つは**オーダーピッキング**と呼ばれるもので、一つの注文に含まれるすべて
の製品を一作業員が各棚からピックし、一つのコンテナに入れて出荷場所に送り
出すやり方です。この方法であれば、出荷場所に到着した段階で既に注文毎の製
品がまとまっているので、それらを同じ箱に詰めれば即出荷できます。

2番目のやり方は**バッチピッキング**といわれるもので、ある時間帯に含まれる
複数注文からピックすべき製品の数量を集計し、製品ごとに数量分だけ纏めてピ
ックし、その後に注文毎に仕分けする方式です。ここで1人の作業員がピックす
る製品群を**バッチ**と言います。バッチでピックされた製品は、やはりコンベヤー
等で移動され、**ソーター**と呼ばれる仕分け装置にかけられ、各注文に含まれる複
数製品が同じ箱に詰められます。ソーターには**シュート**と呼ばれる出口があり、
その数と処理スピードによってさまざまなものがあります。特に大型（例、シュ
ート数250以上）のものは効率が良いのですが、大変高価になります。

**図6-2**は在庫から出荷までの物の流れを示しています。上の矢印がオーダー
ピッキングの流れで、下の矢印がバッチピッキングの流れを表します。尚、製品
の保管場所として部分的に自動倉庫が使われることもありますが、その場合は機

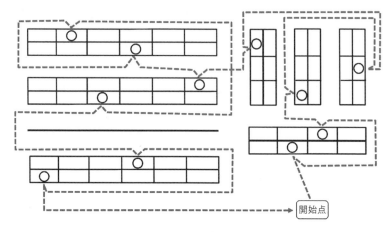

図6-3　ピッキングのルートの例

械でピッキングするのでソーターは必須となります。

　バッチピッキングのメリットは、オーダーピッキングに比べて作業員の歩く距離を大幅に削減できることです。但し全体のコストパフォーマンスを考えると、ソーターの導入コストと作業員の人件費とのトレードオフになり、どんな設備とやり方が最適であるのかは一概には言えません。全ては注文量や製品数量、出荷リードタイム、保管棚や他の倉庫設備、作業人員数などの兼ね合いで決まることになります。このような設備の設計問題はこのセクションの後でも再度議論します。


　ピッキングのルート作成問題

　オーダーピッキングにせよ、バッチピッキングにせよ、作業員がピックを行う場合には、作業員に対するピック指示を出す必要があります。このために毎回の指示書（画面の場合もあり）には、どの製品を何個ピックするか、またどこにその製品があるのかも示すのが普通です。上記の例でルートの指定がなければ、作業員は**図6-3**のような点線のルートでピックを行うかもしれません（開始点から最初に上方に行き、その後点線に沿って歩く）。

　これでも製品の置き場や全体の棚の配置が頭に入っていればの話です。言い換えれば、もし初心者が歩くとこのようなルートにはならないかもしれないし、人によって効率の良い人と悪い人が出てきます。これを多少最適化で改善すると**図**

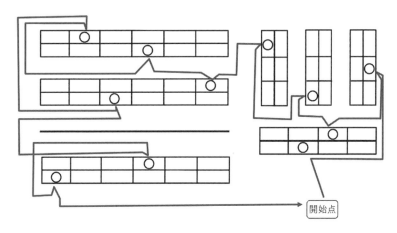

開始点

図6-4　ピッキングの改善ルートの例

6-4のようなルートになります。

　製品の保管場所はシステムで管理されていて、いろいろな場所に分散しているので、それぞれのピック指示ではどのような順番で歩くべきかを最適化して示せば、効率のよいピックが行われます。このように、ピッキングの際のルートやピック詳細を決めるのが、**ピッキングルート生成問題**（又は**動線最適化**）と呼ばれるものです。

　この問題を解くには、**巡回セールスマン問題**（Traveling Salesman Problem, 以下 **TSP**）というよく知られた組み合わせ問題を解く必要があります。ピックする場所が少ない場合は、棚の端から順にピックをすればよいかもしれませんが、途中で引き返すべきかどうかなどを含めて TSP をそれ専用のアルゴリズムで解いた方がより効率的なルートができるはずです。

　尚、ここでは省略しますが、ルート生成には種々の制約があるかもしれません。例えば、場所によっては障害物が妨げになることや、出荷場所に通じるコンベアの位置が開始点とは異なることもあります。途中で作業員同士の衝突が起きる可能性もあるので、お互いのルートを考慮して待ち時間を入れる必要という考察もあります（只、ピッキングの最中で待ちができた場合の対処は数秒間手前で待つだけかもしれませんが）。いずれにしても、最短ルートは TSP に従って解いて、若干の制約の工夫をした方が現場では受け入れ易いはずです。

　ピッキングルートの最適化では AI を使ったソフトウェアもいくつかありま

す。但し、TSP は過去実績をベースにした機械学習で解くような問題ではないので、数値的に TSP を解くアルゴリズムをベースにしたシステムがお勧めです。逆に、後述する製品置き場の最適化には過去実績からの学習が良いので、学習によるマシンラーニングが効果的と考えられます。いずれにしても、問題別の取り組みが必要です。

更に注文データや製品在庫場所の管理もあり、WMS（Warehouse Management System）との連携も行って独自のアルゴリズムを構築するのもさほど難しくはないはずです。特に後述する製品置き場の最適化や、対象注文の選択問題とも絡めて、より大きなスコープから最適化システムを設計した方が効果も大きく安定するものと考えます（少なくとも業界トップはそうしています）。

前のセクションでは配車問題と TSP との関連性を紹介しましたが、TSP は物流最適化ではよく出てくる組み合わせ問題です。TSP の解き方については、Appendix A に簡単に説明しています。

尚、ピッキングルートの最適化は、ピック作業員の効率性に直接影響を及ぼします。うまくすれば、作業員数を10〜20%削減することができるかもしれません。

更にルートの作成を暫く行っていると、棚の配置に疑問を感じるようになります。例えば上記の例でも、なぜ棚が横と縦方向におかれているのか不思議ではないでしょうか。往々にして、ピッキング最適化を考えて棚の設置をすることは少ないように見受けられます。ピッキングの最適化を重ねると、やはり棚の配置を改善すべきという結論になる可能性もあります。


バッチピッキングの作成問題

バッチピッキングを行う場合にもいろいろな工夫が必要です。例えば、当面の注文を組み合わせて製品ごとのピッキング数を集計する際に、どれくらいの時間帯にある注文を考慮するかという問題が起こります。作業員数や注文製品量にもよりますが、通常は15分くらいから数時間程度の注文を同時に処理することが考えられます。但し、あまり厳密にルールを設定しても効率化の可能性を失うことにもなります。

**図6-5**の例では、**ピック締め切り時刻**（いつまでに注文をピックしないと約束した顧客先到着時間に間に合わない）によって注文がソートされた後、次のバ

| 注文番号 | 締切 | 製品A個数 | 製品B |
|---|---|---|---|
| 1 | 9:58 | 200 | 0 |
| 2 | 9:58 | 200 | 0 |
| 3 | 9:59 | 200 | 0 |
| 4 | 9:59 | 200 | 0 |
| 5 | 9:59 | 0 | 200 |
| 6 | 10:00 | 200 | 0 |
| 7 | 10:00 | 0 | 800 |

図6-5　バッチピッキングの選択例

ッチ注文群を選ぶべく60分という区切りを入れた場合です。バッチのキャパシティーが1000個の場合、単純に締め切りを見て出来るだけ注文を集めるとすると、注文1から注文5までが一つのバッチになります。特に注文6は1分の差で当該バッチから外されてしまうのですが、注文5の代わりに注文6を取り入れ、注文5と注文7を次のバッチとした方がピック時間を減らすことが出来そうです（勿論、注文5が1バッチ遅れても出荷には間に合うという前提つきで）。

　図6-5の例では注文数や製品数が少ないのですが、実際には何百とか何千の注文や製品があるので、どの注文をどのように組み合わせてバッチをつくるのがよいのか決めるのはそう単純ではありません。特に、どの注文を次のピックで取るかというよりは、どの製品を何個ピックすれば対象となっているより多くの注文をカバーできるかという考えの方がより少ないピック回数につながる可能性が高くなります。

　また、各注文の締め切り時間の取り扱いは特に注意が必要です。一般に締め切りが迫っている注文については優先的に処理をしなければなりません。それゆえに、上記のように締め切り時間を柔軟に解釈するにしても、必ず処理すべき注文についてはフラグを立ててバッチに必ず入れるというようなことをする必要があります。

　以上を踏まえて、バッチピッキング方式では毎回どの製品を何個ピックするか、しかも誰がそれを行うかを決めなければなりません。これは、複雑な組み合わせ問題として定式化ができて最適化手法が適用できる問題となります。

　具体的な最適化モデルは、注文とバッチの割り当て問題となり、**図6-6**のようなフローダイヤグラムで表されます。尚、このモデルの詳細な定式化やサイズ

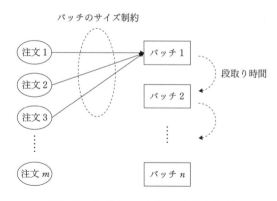

図6-6　バッチピッキングの最適化イメージ

等については、本書の範囲を超えるので本書後続として予定されている書籍『物流最適化モデルと解法アルゴリズム』（仮題）を参照ください。

## 6.2　ロボットによるピッキング最適化

　最近では、ピッキングをロボットで行うのが盛んになっています。これはピッキング作業の効率化とか作業中の事故を避ける意味もありますが、あまり快適ではない作業環境での人員不足などの事情もあります。ロボットによるピッキング作業は導入がうまくいけばマシン1台あたり2〜3人分の人件費用が削減できるという報告もあり、今後も益々盛んになるトレンドにあります（参考文献 [6-1]、[6-3]、[6-4]）。

　但し、ロボットを入れれば効率がすぐに上がるというわけでもないので、やはり全体の流れに沿ったシステム設計が重要です。ここでは、例をあげながらどのような考慮がされるべきか、またモデルによる最適化はどのような効果があるのか等を考察します。

棚が固定 vs. 変動の違い

　製品を在庫しておく**棚（ラック）**の構造ですが、大きく分けて**固定式**と**変動式**があります。固定式の場合、棚は床に固定されているので、必要なアイテムをピックするのは、その棚の場所にロボットを移動させて製品を取り出し、その後製品を出荷する場所まで移動する必要があります。それに対して、変動式の棚で

は、作業員のいる窓口まで棚ごとロボットで移動させて、そこでアイテムを取り出して出荷場へ送ります。それぞれの特徴があるので、ニーズに合わせてどちらの形がよいのかを検討することになります（勿論、折衷型とか別の方式もあります）。

### 固定式棚とロボット

棚が固定になっている場合には、複数種類のロボットが使われます。一つは**ピック**（取り出し）や逆の**ストウ**（格納）を行うロボット（以下、**ピックロボット**）です。もう一つはピックロボットからアイテムを受け取って移動をし、**出荷ロボット**（又は人）に製品を渡す**移動ロボット**です。また移動ロボットは、その逆の操作、つまり**入荷ロボット**からアイテムを受け取ってピックロボットまで移動し格納のために製品を渡すことも行います。移動ロボットやピックロボットは複数個使用されるので、どのロボットが何を行うかという動作のスケジューリングを行う必要があります。

ここでこれらのロボットの役目を改めて確認します。それは、当面の時間帯（例えば、今から十分間とか1時間とか）で出荷すべき製品を棚から取り出して出荷ロボットに渡すことと、入荷する製品を入荷ロボットから受け取って棚に格納することです。複数のロボットにこれらの仕事を割り当てるわけですが、その際に最適化したいのは、ロボットの移動距離や可動台数で、これらをできるだけ少なくすることが望まれます。

ロボットの事例ビデオでは、数十台が衝突することもなくスムーズに稼働している姿をよく見かけます。それを見ている限り、各ロボットの秒単位の動きをすべて計算して衝突を避けているように見えます。しかしながら、ルートの生成と最適化の段階ではロボット同士の衝突や待ち時間は予測できないので、とりあえず無視し、むしろピックとストウの注文の組み合わせとかルートの選択に焦点を当てて最適化した方が良い結果になります。勿論衝突やロボット同士の待ち時間の最小化も必要なのですが、処理すべきアイテムが決まればそれらの考慮はハード的にも対応できる場合もあります。

このような観点から、例えば上記のラックと注文の例を再度見てみます。**図6-7**では、黒丸がピック（出荷）注文で、白丸がストウ（入荷）注文とします。また簡単のために、開始点が出荷ロボットと入荷ロボットの位置とします。

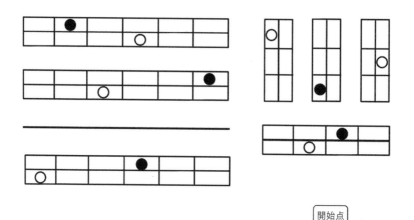

開始点

図6-7　バッチピッキングの最適化イメージ

　移動ロボットは、開始点でストウ注文を受け取り、その後にストウ場所まで行ってアイテムをピックロボットに渡し、空になった状態でピック場所に移動してアイテムをピックロボットから受け取り、その後開始点に戻るというルートになります。また移動ロボットの容量以内であれば複数個のアイテムを同時にストウしたり、ピックしたりできるものとします。

　このような条件下で、ピックとストウを組み合わせて移動ロボットが担当するルートをいくつか生成してみると図6-8のようになります。ここではAからEまで5個のルートが生成されています。特にAとBのルートは重なりがあるのでこれらを両方行うのは無駄ですが、どちらかだけを採用することは可能です。A~Eのルート以外にも、単一注文のルートを含めて他のルート候補を生成することができます。また各ルートの移動距離も計算できるので、その値を費用値として登録します。

　このように多数のルートを生成した後に、今度はその中から全てのピック注文とストウ注文をカバーするルート候補の部分集合を選べば、すべての注文を完遂することができます。しかも先ほど計算した費用値（つまりは距離）を最小化するような部分集合を見つければ、費用やロボット台数の最小化が図られることになります。

　またピックロボットについても同じような最適化が可能です。ここでピックロボットはストウの前、或いはピックの後に開始点まで戻る必要はありません。よ

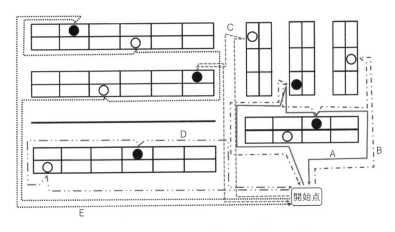

図6-8　移動ロボットの可能ルート生成イメージ

　って、移動ロボットのルートにあるストウ注文とピック注文の組み合わせと同じように動かすこともできますし、別のルートでピック注文とストウ注文を組み合わせることもできます。後者の場合は、上記と同じようなルート生成方法により実行可能なルートを多数生成させてその中から最適化で部分集合を選びます。但し、全体スケジュールの作成では、移動ロボットの動きと同期をとる必要があります。

　このように可能な候補のなかから条件を満たす部分集合を見つけるのは、**集合被覆問題**（種々の部分集合からいくつかを組み合わせて全体集合をカバーする）と呼ばれます。この問題は組み合わせ最適化では定番の一つなので、それを解く様々なアルゴリズムが考案されています。そんなアルゴリズムを使えば、何万何十万という可能ルート候補から短時間で最適な解を見つけることができます。この集合被覆問題に関する解法については、基本的には線形計画ソルバーを使うのですが、カスタマイズされたアルゴリズムについては参考文献［6-5］、［6-6］、［6-7］等を参照ください。


変動式棚とロボット

　棚が変動式の場合、移動ロボットによって棚そのものをピック作業員のところまで移動させ、アイテムをピックする仕組みになります。このやり方はアマゾンで取り入れられている方式で、ネット通販を中心に最近似たような仕組みを利用

図6-9　移動式ラック（ポッド）の例（Amazon.com の HP より）

しているところが増えています（参考文献 [6-1]、[6-2]）。

　ここでは、アマゾンでの仕組みを代表例として取り上げます。変動式棚はポッドと呼ばれ、ポッドそのものは**図6-9**にあるような形（黄色の箱）をしています。ピックする際には、まずポッド全体をピック作業員がいる作業場所（**ピックステーション**）まで移動ロボットで移動させます。ここでの移動ロボットは、ポッドの下に入っているオレンジ色の機械です。各ポッドには4つの面があって、それぞれにコンテナ（小箱）が配置されていて、コンテナの中に種々のアイテムが格納されています。このようなポッドは、一つの倉庫（アマゾンでは Fulfilment Center と呼ばれる）に数百から数千と碁盤状に並べられていて、その中身と位置がリアルタイムで管理されています。

　出荷の際の手順は以下の通りです。まず近々の注文を見てどのポッドを動かすかをシステムが決め実行します。作業員はピック場所まで運ばれたポッドから、作業画面で指示された製品を取り出し、次の工程に送り出します。特に出荷製品が入ったポッドの小箱位置はスポットライトで照らし出され、ピックすべきアイテムも画面に表示されるのでピックで間違いが起きないように工夫されています。移動ロボットは90度の回転ができるので、一旦ピックステーションまで運ばれるとポッドの複数面から複数のアイテムを取り出すことも可能です（**図6-10**参照）。

図6-10　ポッドを移動させるロボット（Amazon Robotics）の例

　ポッドからとりだされたアイテムは下流の仕分け場所に送られ、そこで注文毎にアイテムが纏められて出荷場所に送られます。

　このような移動式のポッド（一般的には変動式ラック）を利用する仕組みで、製品をピックする場合の最適化について考えます。図6-9で分かるように、ポッドはそれなりの大きさがあるので、一回取り寄せる際に一つの製品を取り出すよりは、同時に複数のアイテムを取り出す方が効率的です。従って、このようなポッドを使ったピッキングの問題は、基本的に上記のバッチピックと同じ問題になります。つまり、コンテナに同じ製品を複数個入れる代わりに、一つのポッドから同時にできるだけ多くの製品を取り出す方が効率よく、どの製品をどのポッドからとりだすのかという選択の問題になります。

　ここで考えるべきは、どの製品を取り出すかを決める前に、まずピック対象となる注文群を決めるという点です。つまり、現在残っている注文のうち、締め切り期限上優先度が高いのはどれかということと、製品の組み合わせからどの注文を同時に処理すると良いのかを決めるべきということです。同じ製品でも複数のポッドに格納されている可能性もあるので、どのポッドを取り寄せてどの製品をとりだすのかを同時に決めるようなイメージになります。結局、どの注文を処理するのかを選び、その結果どの製品をピックすることになり、またどのポッドからその製品を取り出すのかということが最適化の流れとなります。

　再度注意すべき点は、一つの注文に複数個の製品が入っている場合、バッチピ

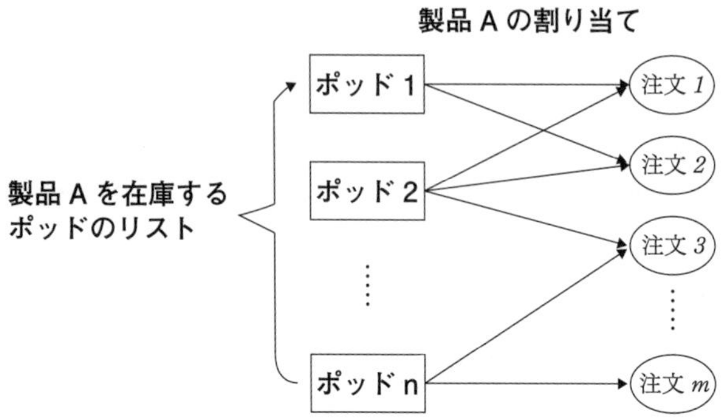

製品 A の割り当て

図 6 -11　注文とポッドの最適化問題イメージ

ッキングの場合と同じに注文として纏めるのはこのピッキングの場所ではなくて、後方の出荷場所であることです。つまり、各ポッドから出す製品はどの注文に対応するのかは、ピック作業員は意識せずに作業できるという点です。これによりピック場所では効率性が増しますが、後で注文毎に纏めるという余分な仕分け作業が発生するのはバッチピッキングと同じです。

　このピッキングの最適化問題をイメージ的に示したのが**図 6 -11**です。尚、この問題をひとつの図として示すのは難しいので、製品 A にだけ限ったイメージになっています。

　この図で注文 *1* から注文 *m* までは、当面対象となる注文のリストです。但し、これらは予め確定しているものではありませんので、まずは暫定的に固定したとすれば、含まれる製品を在庫したポッドの候補が列挙できます（右側のポッド 1 からポッド n）。その上で製品 A だけに関する供給可能性を図示したのが図 6 -11中の矢印です。ポッドはすべて選ぶ必要はないのですが、対象となる注文で製品 A をすべて供給できる程度に選ぶ必要があります。同じような関係が他の製品（製品 B、製品 C 等）についても成立します。問題は次の時間帯（15分間とか60分間など）にどの注文とどのポッドを選ぶかという選択になります。その際ポッドについては現在位置からピックステーションまでの距離が計算できるので、その距離の総和を最小化することが考えられます。また注文についてはできるだけ優先度の高い注文を処理したいということもあります。これらを踏まえて全体問題を定式化し、時間帯毎にこれを解いて自動的にロボットに指示を出す仕組みが必要となります。この問題は**マルチコモディティ・ネットワークフロー問**

題と呼ばれ、大規模で難しい組み合わせ問題となりますが、効果は多大になる可能性があります。

## 6.3 製品の配置問題

上記のピッキング問題と解法を踏まえて、次は製品をどう格納するかというストウの問題を考えます。つまり、**製品（アイテム）を入庫する際に起こる問題**で、どこにその製品を格納するかということです。この問題は単純なようですが、実は奥が深くて、そもそも倉庫内設備の種類や配置方法にも関係してきます。つまり、置き場が決まっていて、その時点で在庫スペースに余裕があれば、そこに置くだけになりますが、製品の在庫スペースが満杯である場合には、代わりの置き場を探す必要があります。その際に新しい場所をどこにすべきか（近場とか任意の場所とか）という直近の問題と、そもそも置き場の設定やスペースの割り当てが適切なのかという基本的な問題も起こりえます。

#### 固定式ラックの場合

まずは簡単に置き場固定の際にどこに置くかを考えます。これも場合によってはそう単純ではありません。例えばフォークリフトで箱を山積みする場合には問題は複雑でないかもしれません（但し、満杯の場合を除いて）。一方で、ロボットで小物を在庫用のラックに入れる場合には、複数の格納場所があるはずで、どれに入れるかは単純でなくなります。ここでは、最適化の効果が多大にありそうな場合として、小物の格納場所の最適化を取り上げます。つまり、入庫する際に格納場所の候補が複数あるケースということになります。

ラックについても、ピックで議論したように、固定型と移動式のものがあります。固定式の場合は、ラックの場所とラック内部格納場所は住所のようなアドレスで管理されているので、どこのラックの何番目の格納場所に入れるというような決定が必要になります。具体的なイメージを得るために、**図6-12**の写真を参照ください。

既に製品が在庫されていて、新規に製品が入庫した際にどこに格納するかという問題には二つの場合があります。一つ目は、同じ製品が在庫されている場所で同じところ（つまり同じラック）に在庫スペースがある場合です。この時は単に

図6-12　固定式ラックの例（ダイワロジテック［6-3］より）

その空きスペースに格納すればよいことになります。もし複数可能性がある場合には、予め決められたルールに従って決めるのが自然と考えられます。ここでのルールというのは、例えば現在出荷が続いている製品であれば出荷ポイントにより近いラックとか、逆に時期的にまだ余裕のある場合にはあえて遠くのラックにするなどです。尚、シーズン直前の製品もあるので、ここは需要予測システムとの連携が望ましく、近々の出荷予測に従って在庫場所を決めるのがよいでしょう。

　2つ目の場合は、同じ製品が在庫されているラックに空きがないケースです。この場合は、新規にどこか別のラックにその製品を格納する場所を確保することになります。例えば、同じような製品が入っていて空きがある別のラックとか、新規のラックかという選択になります。どちらがよいかは一概にはいえませんが、いずれにしても以下のような考慮が必要です。

　逐次的に追加の在庫場所を考える前に、一番初めの在庫問題、すなわちすべてのラックが空で製品を最初に入れるとした場合にどのようなルールで入れるべきかを考えます。

　この問題は、新規の倉庫を立ち上げるときとか、運用中の倉庫でも何らかの理由ですべての在庫の入れ替えを行う場合（棚卸、移動、設備の新規拡張など）などで起こりうる問題です。

　ラックの数や製品数が少ない場合には、どう入れてもそれほど大きな違いがでるとは考えにくいのですが、もしアイテム数が数万から数十万とか、ラック数も数千から数万のレベルに達すると最適化の対象となります。一番シンプルなイメージとしては図6-13の通りで、アイテムは多くの種類と数があるとし、ラック

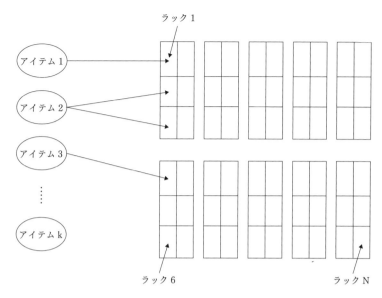

図6-13　アイテムとラックの割り当て問題

の数も十分にある場合を想定します。また個々のラックは入出荷場所からの位置により距離が計算されているものとします。

　アイテム割り当ての目標としては、まず使用するラック数を最小にすることを考えます。その場合には、この問題は古典的な**ビンパッキング（瓶詰め）問題**となり、これに対するよく知られた解法を利用するとよい結果が得られます。

　ビンパッキング問題については、Appendix B でも解説していますが、日常でもよく遭遇する問題です。**図 6-14**のように、大きさが違うビンが多数あり、それらを同じサイズの箱にいれて収納したいとします。その際に、できるだけ使う箱の数が最小になるように、ビンの組み合わせを考えたいとします。どのような組み合わせ方が良いでしょうか、というのがビンパッキング問題です。アイテムをビンとし、ラックを箱にすれば同じ問題になります。この問題に対しては、直観的で簡単なアルゴリズム（大きさの順に入れる）が存在するので、Appendix B を参照してください。

　これにより上記の初期在庫ラックを決める際は、まずはラック数を最小化する答えが見つかります。更にカスタマイズするとすれば、優先度が高いアイテムは出来るだけ入出荷ポイントに近いところに置きたいという考慮をして、優先度の

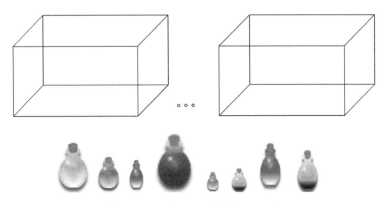

図6-14　ビンパッキング問題のイメージ

高いアイテムから箱に詰めるというやり方もできます。アイテムの優先度とラックの位置、アイテムのサイズを考慮しながら、「大きさの順に並べる」ところを少し変えることによって、優先度が高いアイテムが近場に置かれてしかも使用ラック数を最小にするような答えが見つかることになります。

　このように初期の在庫問題が解かれるとして、先ほどの運用中のラックにアイテムを入れる際に同じアイテムの在庫場所に空きがない場合の考慮に戻ります。もし新規にラックを確保するとすれば、同じアイテムが入っているラックは住所からある程度固まって存在しているはずなので、できるだけその近くに空きラックを探すということになります。

　新規のラックを作らない場合は、同じような製品の既存ラックで空きがあるものを見つけ、そこに入れるという手もあります。その場合、場所的に遠くにならずに済むかもしれませんが、ラックと在庫製品の管理上、同じラックに異なる製品が入っているという状態をデータ上取り扱えるようにする必要があり、より複雑な在庫管理処理が必要になります。

　いずれにしても、在庫方式のシミュレーションをして、どのやり方がより効率的かを分析しておくと良いでしょう。


変動式ラックの場合

　変動式ラックの場合は、ラックそのものが移動するので、製品の置き場としての近場や遠場という区別は意味がありません。あまり出庫のない製品の入った変

動式ラック（ポッド）は呼ばれないので、自ずと遠くに移動させるような力が働くはずです。むしろ、製品をピックした後にポッドをどう戻すかということが位置の最適化に寄与します。その場合も直前にピックされたポッドをわざわざ遠くに置くようなことをしなければ、あまり呼ばれないポッドはだんだんと後ろの方に押しやるような力が加わるのが自然と考えられます。但し、暇な時期に若干ポッド位置の入れ替えを行う等の処理が必要かもしれません。

　アイテムの格納場所については、近々に出荷があるだろうアイテムと季節性からあまり需要がなさそうなアイテムを同じポッドに格納するのは得策とは思えません。つまり、ストウ（格納）を行う場合に、季節性（より正確には需要予測）を考えて、どのポッドに製品を入れるかを決めるのが最適化の鍵になります。つまり明らかに季節性があって、まだ出荷は先であるような場合（例、春先にクリスマス製品を入庫するなど）は、それらの製品を纏めてポッドにいれて、遠くの場所に置くのが自然です。

　またどの製品とどの製品が同じ注文にありがちかという相関関係を計算しておけば参考になります。つまり同時注文の製品間相関係数を計算し、相関係数の高い製品同士をできるだけ同じポッドに入れるべく処理すれば、出荷の際の効率が上がることが考えられます。尚、ピックに比べてストウ時点での場所戦略はこれからの課題のようで、それなりの効果が期待できる分野です。


## 6.4　棚の配置問題

　ピッキング問題と製品置き場についての最適化を踏まえて、ここでは棚やラックの設置方法について議論します。特に変動式のラックの場合は、上記の製品のストウ戦略で最適化ができるので、ここでは固定式のラックを想定します。

　固定式ラックの場合、通常ピッキングや製品の置き方を最適化する際には、ラックの配置は既存のものとして考え、それに合わせてソフト的に置き場やルートを最適化します。しかしながら、本来の立場は逆のはずで、ピッキングや製品在庫方法をやり易くするためにラックの配置方法も最適化されておくべきです。

　例えば前述の例を見てみます。**図6-15**は前述のラックの設置状況を上から見た図ですが、ルートを考える際にいろいろと不便なところがあります。例えば、縦に置いてあるラックと横に置いてあるラックがあるとか、ラックとラックの間

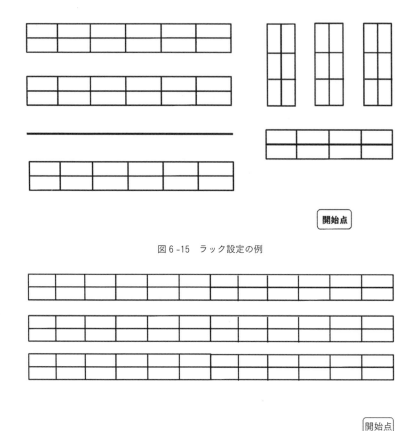

開始点

図 6 -15　ラック設定の例

開始点

図 6 -16　ラック設定の単純化の例

に障壁があってわざわざ迂回しないと進めないことも面倒です。

　この図の代わりに**図 6 -16**のようなラックの置き方をしてみればどうでしょうか。こうすれば、ロボットの動きも直進が多くなってかなり単純化できるはずです。これをさらに拡張すれば、すべてのラックを一直線に並べ、両側から製品を取り出せるようにするのが理想的と考えます。その場合ロボットは一方通行にして、右から左へ移動、若しくはその逆のみにすればルートの設定やスケジューリングも大変楽になります。

　勿論倉庫の形や柱の位置などにより、物理的な制限から極端な置き方はできないかもしれませんが、あまり極端でなくてもある程度は単純化できるはずです。

またその際にも、いろいろな単純化方法があるはずで、どの方法がよいのかはそう自明ではないかもしれません。

その際にできることは、ラックの設定に合わせて製品の置き方を変えたり、ピッキングルートを生成して最適化を行ったりするようなシミュレーションを行うことです。

その観点で、まずはラック設定を前提とした製品配置システムやピックルート生成システムをつくることで、これは上記のルールに従って開発することができます。その後、実際のデータを使って何日か分の入出庫のシミュレーションを行い、様々な指標（平均移動距離、時間、待ち時間などの指標、KPI）を計算します。更にそのようなシミュレーション・システムでは、ラックの設定に関しても入力データ化することが可能です。そうすれば、簡単にラックの設定を変えることができ、それによってKPIがどのように変わるかを短時間で分析することができます。

これによって個々の顧客データに合わせた最適なラックの設定方法やピッキングルートの設定が最適化できることとなります。

## 6.5　Edelman ケース4：宗教のモデル化　サウジアラビア宗教省

以下は、2016年4月に日本OR学会誌、「オペレーションズ・リサーチ　経営の科学」（参考文献［6-8］）に掲載された記事です。サプライチェーンとはいいがたいかもしれませんが、イスラム教でのメッカ巡礼に種々の最適化モデルやシミュレーションが使われた事例です。物流というよりは人の流れの管理についてであり、いろいろ参考になることも多いのではと考えます。

### エデルマンの勇者たち
#### 宗教のOR、メッカへの大巡礼

1．はじめに

今回の件は一言で言うと、なかなか難しい話です。理由としては、イスラム教と

| 年 | 場所 | 死者数 |
|---|---|---|
| 1990 | 歩行者用トンネル | 1426 |
| 1994 | ジャマラット橋 | 266 |
| 1997 | ジャマラット・プラザ（東側入口） | 22 |
| 1998 | ジャマラット・プラザ（東側入口） | 118 |
| 2001 | ジャマラット橋 | 35 |
| 2004 | ジャマラット橋 | 251 |
| 2006 | ジャマラット橋 | 363 |

表1　MOMRA 発表による大巡礼での事故死者数

いう私には若干なじみの薄いトピックであること、もう一つにはサウジアラビアと
いう遠い国で起きた出来事であることです。最近は原油価格の変動やテロ関連の話
題が毎日のように報道されていて、中東も割に身近に感じる存在ではあります。し
かし、改めて今回のような話を聞くと、果たして我々の理解は如何程のものなの
か、もしかすると本当に表層的なものかもしれないということに気づかされます。
宗教のみならず文化、経済面にも係る話なので、深くいろいろと考えさせられる一
件です。

　では本題ですが、2015年の Edelman 賞最終コンペに、サウジアラビア政府の自治
省（Ministry of Municipality and Rural Affairs、以下 MOMRA）が選ばれました。
その対象プロジェクトは、ハッジ（日本名は大巡礼）の管理とスケジューリングと
いう話題です。そもそも大巡礼とは何か、少し説明が必要です。

　イスラム教信者の行うべき「五つの行為（五行）」の一つに、大巡礼（Hajj、ハッ
ジ）というのがあります。これは一生に一度サウジアラビアの聖地メッカ（正式名
はマッカ）を訪れ、一連の宗教的儀式を行うことです。他の四行（告白、礼拝、喜
捨、断食）が日常的な行為であるのに対して、大巡礼は経済的・体力的に可能な信
者のみがなし得る大変名誉な行と考えられています。従って毎年数百万人の信者が
メッカをめざして世界中から集まり、6日間にわたって種々の修行と礼拝を行いま
す。

　ここで問題は近年（過去20年くらい）に大巡礼を行う信者の数が大幅に増えてし
まい、サウジアラビア政府が世界中からの訪問信者を安全に管理しきれなくなった
という点です。その結果1990年から2006年までは、大巡礼中の種々の場所で毎年の
ように死者がでていました（表1）。

　このように多数の犠牲者が出てしまったのは、儀式間の移動中に一部の施設で多

数の人が溢れてしまい、将棋倒しによる圧死事故がおきてしまっていたからです。聖なる修行のはずが、なぜそのような惨事が毎年繰り返されたのでしょうか。それが今回の最大の謎というわけです。


## 2．大巡礼（ハッジ）とは

　まず大巡礼とはどのようなものか、簡単に説明します。正式なイスラム信者として、サウジアラビア政府に巡礼の申し込みをすると暫く時間がかかりますが、大体数年後には許可がおりるそうです。昔（20世紀前半くらいまで）は陸路からしかメッカを訪れるすべはなく、大変な費用と危険が待ち受けていたようです。それが近年になって陸路以外にも海路や航空便も利用できるようになり、会場までの旅も安全で大分楽になったために申込者の数も急増しているわけです。因みに、イスラム教信者以外は、聖地メッカを訪れることすらできないので、大巡礼の詳しい内容はあまり知られていないのですが、日本人でも経験された方もいて、その体験記を読むことは出来ます。

　さて、大巡礼はイスラム暦（大陰暦）の第12月（大体西暦の9月から12月）の8日目に始まります。巡礼の準備が出来て出発すると、サウジアラビアのメッカ市郊外の空港に到着します。そこから陸路でメッカへ向かい、まずは予め決められた宿泊施設に泊まることになります。

　翌日メッカで巡礼者が最初に行う儀式は、カアバ神殿の回りを7周回る儀式です。カアバ神殿（**図1**）はイスラム教における最高の聖地ということで有名です。神殿は四角い3階建てくらいの建物ですが、黒色の幕に金色の刺繍で聖なる言葉が施された大変きれいな建物です。世界中のイスラム信者が毎日礼拝を行うのも、そのカアバ神殿の方角を向いて行うとのことです。余談ですが、最近のスマホにはGPS機能よりカアバ神殿の方角を示すアプリも用意されているとか。

　カアバ神殿での礼拝を終えると、メッカから約6km離れたミナーというところにあるテント村に移動します（**図2**）。このミナーのテント村がその後6日間の活動拠点となります。テント村の割当は、サウジアラビア政府（具体的には内務省）により完全に仕切られていて、国ごとに場所が決められているとのことです。

　翌日（巡礼月9日め）には、ミナーから14km離れたアラファという場所に行き、一日中祈りを捧げます。ミナーからアラファまでは電車やバスもあり、そのスケジュールや移動手段まで、すべて内務省の管理下にあります。アラファ山の礼拝の後、日没後にミナーとの中間に有るムズダリファという場所へ移動して野営をし、

図1　カアバ神殿

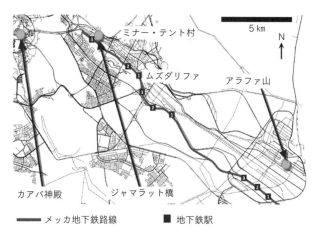

図2　メッカ周辺の地図（参考文献[2]）

翌日の石投げに備えて小石を7個拾います。夜が明けて翌日（10日目）にはミナー
に戻って、石投げ（Stoning）を行います。石投げの儀式は、悪魔を追い払うという
故事にちなんでおり、大巡礼の一つのクライマックスです。石投げの行われるジャ
マラット橋は、ミナーの町外れに位置し、テント村からは歩ける距離です。石投げ
の儀式の後には、メッカのカアバ神殿に再度お参りをし、日没後にミナーに戻りま
す。

この石投げとカアバ神殿での礼拝の往復は3～4日間行われ、最終日にメッカに戻ってすべての修行が終了となります。

　大巡礼を無事終えた信者は、それまでに犯した宗教上の罪をすべて許され、晴れて新しい気持ちで故郷へ戻るということです。また故郷では大巡礼を終えた信者は尊敬の念で迎えられ、その偉業は一生讃えられるとのことです。


## 3．管理者側の問題

　大巡礼の実行管理を行うのはサウジアラビアの内務省ですが、今回ハッジ関連の施設の改修を担当したのは自治省（MOMRA）という政府機関です。毎年死者が出るような状態では、サウジアラビアの管理能力そのものが問われる危機であったわけで、MOMRA は多数の巡礼者達がスムーズに巡礼の儀式を遂行できるように、大巡礼に関するすべてのリソースの見直しを命ぜられました。

　事故の場所を見てみると、2001年から2006年までに多数の死者がでていたのは、石投げが行われるジャマラット橋付近でした（図3）。それ故、2006年の時点では、この施設での人の流れをどうするのかが大きな焦点となっていました。そこでMOMRA は、種々の施設の大改造や新しい輸送手段の導入、さらに人の流れを円滑にするべく巡礼者のスケジューリングの作業に取り組み始めました。

　まずジャマラット橋での石投げ場の建造物そのものですが、容量を大幅に拡大するべく、それまで二階建てだった構造体を五階建てに改築し、合わせて橋の形や道路のレイアウト等の修正も行いました。ここでのポイントは、単に建物の大きさや容量をハード的に増やすだけではなく、人の流れの方向、タイミングなども変更の対象としてソフト的な面での改良も行った点です。

　ジャマラット橋付近で死者が出る際の問題は、大勢の人が異なる方向で行き交うことによって大混乱が生じてしまったという点です。多数の人が行きかう状況では、危険を避けるべく一方通行とするのが大前提ですが、必ずしもそれが守られていたわけではありませんでした。それまでの習慣や宗教的な理由で、慣行を打ち破るのが難しい状況にあったようです。しかしながら毎年多数の犠牲者を出し続けるわけにもいかず、MOMRA としては施設や巡礼スケジューリングも含めた大改革に取組まなければならなかったわけです。

　そのような大改革にソフト面で大きく寄与したのはドイツのハンブルク大学でした。何故当大学にご指名がいったかは、それまでの人的繋がりからのようです。サウジアラビアの政府関係者（つまり王族関係者）の留学先としては欧州、特にドイ

図3　ジャマラット橋の昔と今（参考文献[1]）

ツの大学に人気があるようです。因みに、MOMRA の大巡礼関連の施設改造の総責任者であるハビブ博士（Dr. Habib Zain Al Abideen、副大臣）も、学士・博士課程ともにドイツの大学で履修していますので、ドイツの大学にコンサルの依頼がいったのも極めて自然な流れと考えられます。今回は、ハンブルグ大学の輸送経済学科へ、施設の設計や混雑度のシミュレーション、群衆心理の分析と巡礼のスケジューリングシステム・プロジェクト等が委託されました。

　ハンブルク大学の OR 部隊が担当した案件は、巡礼者の石投げ儀式に関するスケジューリングシステムです。ジャマラット橋付近での石投げは大巡礼のハイライトですが、2006年当時はそこが一番危険な場所であり、特に真昼の時間帯はどうしても人が集中しがちでした。そこで MOMRA では2007年より、各国の巡礼申込者に対して石投げの儀式をすべて事前に割り当てられた時間帯で行うようにすべく、石投げの最適スケジューリングを行う方式を導入しました。各国の巡礼者は申し込みの際に、希望の時間帯を３個まで指定出来るようにし、それらの希望を考慮しながら、種々の構造物のキャパシティーや交通機関のスケジュールも加味して、最適化を行ったわけです。

　特にこのスケジューリングモデルでは、石投げの時間帯のみならず、ミナーのテント村からジャマラット橋までの交通手段（電車、バス、トンネルや橋を使った歩行等）やジャマラット橋の出入り口も含めたルート、各日の時間帯を変数として設定してあります。目的関数は各巡礼グループの希望時間帯からのズレを最小化すべ

く設定し、各ルートのキャパシティーを制約とした巨大な混合整数計画問題を解くことになりました。

　実際に解かれた混合整数計画問題（参考文献[2]）の特徴としては、希望時間からのズレを目的関数に表現する際にズレの2乗をとることとか、各時間帯の施設キャパシティーにかなりの安全幅を確保することなどがあげられます。これは、サウジ国内からの巡礼者はあまりスケジュール管理ができないとのことで、結果的に約半数くらいしか厳密規制が出来ないという事情もあるからとのことです。

　これだけの仕組みを作り、徹底したスケジュールの最適化を行い周到な準備はするのですが、実際には、やはり出たとこ勝負と言う事情もあるようです。それ故、多くの場所にカメラを設置し、リアルタイムで人の流れを監視するシステムも導入しています。スマホによるアプリも準備され、IT技術を駆使している一方で、宗教上の行事であるという理由でどこまで数理ロジックによる規制が効果的かという疑問がどうしても残るようです。


## 4．Edelman のプレゼンテーション

　2015年4月に Edelman 賞コンペがカルフォルニア州ロングビーチで行われ、MOMRA チームも参加しました（**図4**）。ドイツからはハンブルグ大学の OR グループが参加し、サウジアラビアからはハビブ博士を中心にした一行が現地入りしました。特に MOMRA からのグループはサウジアラビアを代表して参加するという観点からも、コンペでの優勝という悲願にむけて、かなりのプレッシャーがあったと聞いています。

　事前のプレゼン内容に関しては、ハンブルク大学プラス我々コーチ陣と、ハビブ博士を中心にした MOMRA グループとの見解の相違がありました。主な議論点は、今回のハッジ大改革に関して OR がどの程度効果があったかを認めるかという点です。コーチ陣も含めハンブルク大学の OR 関係者は、その点は大きな効果があったはずで、それをプレゼンで忠実に証言すべきという意見でしたが、MOMRA としてはどちらかというと建造物の拡大改修や巡礼者フロー最適化からの建造物の設計改革に焦点をおくべきという意見でありました。特にコーチ陣としては、Edelman 賞での優勝を目指すという観点からは、やはり OR の効果についての議論に集中すべきという助言でしたが、MOMRA 対ハンブルグ大学との力関係で、結論は明らかでした。特に設計の総責任者であったハビブ博士としては、自分のデザインが如何に優れているのかを強調したくなるのはごく自然な流れと思われました。

図4　MOMRA チームの記念撮影（INFORMS の HP より）

　この議論はプレゼン前日の深夜まで繰り返され、結局もう一人のコーチ（エジプト系米国人）がアラビア語を話せるということで、彼に説得の重責が課せられた形になりました。

　前日までの論議で心配された最終プレゼンでしたが、結果的にはプレゼンの内容はそれなりの OR 効果を認め、それ相応の評価を与えた内容になっていました。ハンブルグ大学関係者やコーチ陣の心配はひとまずクリアされ、一応の安堵感を得ています。

　只、最終的には MOMRA チームは優勝できませんでした。これはいわば時の運で仕方の無いことと考えます。つまり、Edelman 賞での優勝は、他の参加プロジェクトとの相対的な比較なので、偶々他プロジェクトの OR 効果がより単純明確であれば、どうしてもそちらへの評価が高くなります。

　ハビブ博士を中心とした MOMRA 一行の落胆は大きかったようで、既に予定されていた大々的な祝賀セレモニーその他の行事が全てキャンセルされたとの話を後日談として聞いています。


## 5．2015年の事故

　さて、これだけの仕組みを作り、徹底した巡礼者管理を行ったお陰で、2007年から2014年の間死者は無くなり、大変スムーズな運営を行うことが出来るようになったわけです。しかし、非常に残念なことに2015年の大巡礼ではまたも悲劇が起きてしまいました。

主催社側（サウジアラビア）の発表では、776名の死者が出たとのことですが、巡礼者の出身各国からの発表を単純に総計すると2000名以上の死者がでたとの報告があります。何が起こったのでしょうか。

　確かに、2015年の大巡礼では何かが変わったようです。ウォールストリート・ジャーナル等の主要新聞の記事によれば、今回参加した巡礼者の印象としては、以前とは変わって大分規制が緩やかであった、ということが言われています。今回の死者がでた場所はアラファとミナー間のようで、交通機関の乱れから両方通行が起こってしまい、圧死者続出による大混乱が起こってしまったようです。特に2010年に導入され、「工学上の奇蹟」と称賛されていたメッカとアラファ間の電車（中国製）が今回は何故か動いていなかったという指摘もあり、多くの謎が残ったままです（参考文献[3]）。

　また、2007年より2014年まで、毎年大巡礼に関与してきたMOMRA及びハンブルク大学も、2015年度は直接関与していなかったとの報告があります（参考文献[2]）。

　現時点では、サウジアラビアは原因の究明を約束はしたものの、その後の発表は何もない状況です。従ってここからはあくまで私個人の推測になりますが、一番大きな要因と考えられるのは、サウジアラビアの前アブドラ国王が2015年の１月に急死をしたことです。その後新国王として、サルマン国王が実権を握りましたが、新国王は「筋金入りの保守主派」として有名です。ということはサウジアラビア政府内部でも何らかの変化があり、それまでの進歩的な取り組みにストップがかかったという可能性もあるのではないかと危惧されます。

　特に昨年から今年にかけて原油価格の急落を受けて、サウジアラビア政府の収支も急速に悪化をしている状況です。その影響もあって、2015年は巡礼管理が手薄になったのでは、或いは今回から営利目的が優先されたのではないか、と言う批判もでています。今の時点ではすべて憶測の域を超えないのですが、一刻も早く2015年の事故原因の究明と正式発表、今年の大巡礼に関する準備状況の発表が待たれます。

**参考文献**

[1] "Presentation by MOMRA at the 2015 Franz Edelman Competition," INFORMS Video Learning Center, https://www.pathlms.com/informs/events/352/thumbnail_video_presentations/10892

[2] Hasse K., Al Abideen H.Z., Al-Bosta S., Kasper M., Koch M., Muller S. and Helbing D., "Improving Pilgrim Safety During the Hajj: An Analytical and Operations Research Approach" *INTERFACES*, Vol. 46, No. 1, January - February 2016, pp. 74-90.

[3] *Wall Street Journal* 記事, "Crowds Collided in Mecca Tragedy," Saturday/Sunday, September 26-27, 2015.

# 第7章

# モデルによるネット通販と
# 運送業の分析

　ここでは実際の例を使ってモデル分析を行い、どのような戦略が立てられるのかを示してみます。取り上げる業種としてはネット通販とそれにかかわる運送業です。

　この業種をとりあげるのは、現在急成長している業種であり変化が激しいので、今後もイノベーションが進むであろうし、様々な形での参入が考えられるビジネスだからです。既存のビジネスも次々と新戦略を打ち出すとともに、既存・新規を問わず新しいアイデアも導入されるでしょう。ここで行う分析をもとに、もし何か新しいビジネスの誕生を示唆出来れば幸いです。

　**ネット通販**と**運送業**は切っても切れない関係になっています。ネット通販ではロジスティックスが重要な要素ですし、運送業にとってみてもネット通販のビジネスを担当できなければ今後の成長分野は非常に限られることとなります。

　米国では Amazon.com（以下、アマゾン・ドットコム、アマゾン）や、メジャーな運送業の FedEx（フェデックス）や UPS が三つ巴の戦いを繰り広げています。日本でもアマゾン・ジャパンとヤマト運輸（以下、ヤマト）、日本郵便（以下、JP）が日々鎬を削っています。このような競合が激しい分野は数理モデルを使った戦略分析が大きな効果をもつ傾向があり、最適化の事例としてはうってつけと考えます。簡単なシミュレーションモデルを作り、若干の分析を行うとこれから起こりうることが見えてくるのでそれも紹介します。

　まずはこの分野での変革のきっかけを作ったアマゾン・ドットコムの近況について概観してみます。

## 7.1 アマゾン・ドットコムの物流ネットワーク

アマゾン社は1994年に創業し、2000年頃から急成長しているネット通販の大手です。その特徴は、「everything store」（参考文献［7-1］）ということで、なんでもネットで買える店を目指しています。

アマゾンの物流ネットワークが大きく変化したのは2013年のクリスマスシーズンです。当時アマゾンは受注した商品を担当のFC（フルフィルメントセンター）から出荷し、輸送は外部業者（UPSやフェデックス等）に委託していました。それまでは配送も順調に行われ、問題はなかったのですが、2013年のクリスマスシーズンに遅配が起きたのです。特にUPSによる配達の一部が、12月25日になっても届きませんでした。米国民にとってはクリスマスプレゼントが25日朝までに届かないというのは一大事です。米国では子供に対して親戚一人一人からクリスマスプレゼントが送られるのが慣習なので、遅配は問題外です。アマゾンはその直後に遅配の起きた顧客に対して急遽20ドルのギフト券を贈ったほどです（参考文献［7-2］）。何がおきたのでしょうか。

アマゾンはUPSやフェデックスに対して、毎年夏ころにクリスマスシーズンの荷量予測をだしています。それにより運送会社も年末のリソース増強計画をします。実は、2013年はその予測を超える荷量が発生したようで、それにもかかわらずアマゾンが輸送を依頼したために遅配が起きてしまったということです。

この事態に一番危機感を感じたのはアマゾンのベゾス社長ではなかったでしょうか。つまりいずれ売れすぎて物が運べないという事態が起こりそうだと分かったわけです。従って輸送力の確保がアマゾンの成長にとって急務であるということも明らかでした（**図7-1**参照）。

このころからアマゾンは配送ネットワークの大幅な改造に着手しています。結局UPSとフェデックスには完全に依存できないということで、独自に輸送力を確保せざるを得ないとなったわけです。その結果種々の手が打たれ始めました。その中で話題になったのは、飛行機を購入して米国内で独自の航空輸送を行うということとか、ドローンによる末端の配送を試みるというようなことでした。これらは新規性もあって、一般向けのニュースでも取り上げられています（参考文献［7-3］）。

ニュース性はなくてもより重要なのは、拠点を増やして、独自の配送をより効

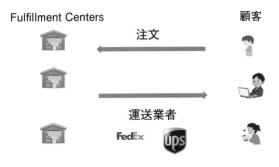

図7-1　2013年以前のアマゾンの物流

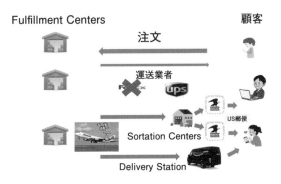

図7-2　ソーテーションセンター導入のイメージ

率的にするというネットワーク構造の拡張です。アマゾンの拠点といえば、それ
まではフルフィルメントセンター（製品を在庫している倉庫）からの直接出荷が
一般的なやりかたでしたが、新しく**ソーテーションセンター**（以下、SC）とい
う一種のクロスドックを導入して、各地から集まる製品を顧客地域ごとにまとめ
て仕分けしてから配送をするというような倉庫を導入しています（**図7-2**参
照）。

　米国アマゾン社の2013年以降のフルフィルメントセンターとソーテーションセ
ンター数の推移は**図7-3**の通りです。

　このように物流ネットワークに対する投資を続けるアマゾンですが、その投資
効果はどのくらいなのでしょうか。それを推測するために、日本でのデータを作
成してシミュレーション分析した結果を次に紹介します。

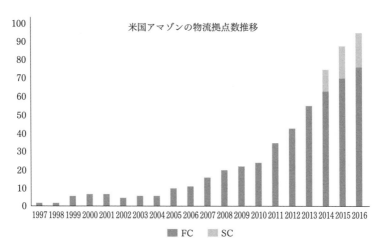

図7-3　ソーテーションセンター導入のイメージ（参考文献［7-3］）

## 7.2　アマゾン・ジャパンの物流ネットワーク分析

　アマゾンの日本法人アマゾン・ジャパン合同会社（以下、アマゾン・ジャパン）は1998年に日本法人化し、2000年11月より Amazon.co.jp として日本でのネット通販ビジネスに参入しています。2013年から2018年までの売り上げは年13%から18%程度で増えています（参考文献［7-4］）。このように急成長を遂げているアマゾン・ジャパンですが、米国本社と同様に輸送力での問題点が近年大きくなっています。

　アマゾン・ジャパンの輸送は日本通運、佐川急便、ヤマト運輸、日本郵便と引き継がれています。2013年に佐川急便はアマゾンビジネスから大幅に撤退し、大部分の荷物はヤマト運輸に引き継がれました。ヤマト運輸も荷量の多さには苦労をしていたようで、ついに2017年に大幅な値上げ要求（一説には40%程度）を行いました。これを受けるしかなかったアマゾン・ジャパンですが、将来の輸送力に危惧を感じたのではないでしょうか。

　この状況を前提として、ここではアマゾン・ジャパンの立場から戦略をどう立てるかを考え、モデルによる分析を行ってみたく思います。尚、以下での分析に使われる数値は実際のものではなく、ネットや他の文献で引用されているものを独自に加工して使用しているものなので、本物ではありません。しかしながら、

数値は実際の値に近いものではないかと推測されるので、分析手法や結論については同じような方向性がだされているのではないかと考えます。また、ヤマト運輸側からの物流ネットワーク分析は次の章で行います。

アマゾン・ジャパンの課題は中長期的な輸送力の確保です。当面はヤマト運輸やJPの力を借りて、できるだけ販売を伸ばしていきたいところですが、長い目で見ると別の輸送オプションを獲得したいのではないでしょうか。そこで考えられるのは、もし独自の物流ネットワークを構築することで、それを行うとどれくらいのコストがかかるかという点です。これを以下では最適化モデルを使い分析することとします。

### アマゾン・ジャパンの物流モデルと戦略

この問題を社内で解くには、販売実績と顧客リストを使うのですが、ここではそれがないので、公開されている情報を元に推測して行うこととします。尚、計算の都合上若干簡略化しながらデータを作っており、現実はこのような仮想データよりも複雑であろうと考えられます。しかしながら、簡略化されたデータ分析であっても、大まかな戦略の方向性は見えるものとも考えます。

まず販売額ですが、2018年は1兆5千億円程度で、さらに今後年率15％くらいで成長が続くことが予想されます。個数でいえば日本全国では5億個（参考文献[7-5]）程で、また数年前でアマゾン・ジャパンのヤマト運輸委託分が全国で2億数千万個という記事（参考文献[7-6]）もあります。ここでは主に関東圏を対象として売り上げが年間1億個程度とします。またこの地域を担当するFCとして、小田原、川越、市川の既存FCを利用することとします。現状の配送方法では、これらのFCで用意された注文製品は、宅配便業者の物流ネットワークを通じて顧客に送られるとします。アマゾン・ジャパンは基本的に箱にラベルを張った状態で方面別に若干の仕分けをすれば、あとはFCから最終顧客まで全て宅配便業者にお任せとなるわけです。勿論その分の配送費用を配送業者に払います。

この3か所のFCに囲まれた地域での配送を新しい形での物流ネットワークを使って実行する案を作ります。特に、米国アマゾンでのSC導入方式を考えて似たような拠点の設置を考えます。その際に最終の納入先としては、最終顧客ではなくラスト1マイルを委託できるサービス（JPなど）を利用することを考えま

図 7 - 4　仮想的アマゾン・ジャパンの関東配送圏イメージ
（Google Map 及び Google Map AIP を使用）

す。つまり、FC からの製品は一旦新しく設置される SC に配送され、そこで 3 か所の FC からの製品が纏められてその SC が担当する JP の配送センターまで配るというやり方になります。

　この対象地域を図示すると**図 7 - 4**のようになります。この地図上で、黒い丸点は最終顧客への配送を委託している配送センター（例えば郵便局）を表します。尚、ここでは実際の場所ではなくランダムに生成した緯度経度を使用しています。この委託先センターは385か所あり、注文された製品をこれらのセンターまで運べば、その先の個人宅への配達（個配）は委託先が行うものとします。Google Map アイコンで示しているのが、アマゾン・ジャパンの 3 か所の FC（小田原、川越、市川）です。これら 3 か所の FC から385か所の委託先センターまでの輸送をいかに効率よくできるかというのが課題になります。

費用設定

　まず分析のための費用を設定します。既存の宅配便を使った輸送コストは、単価として400円（推定）とします。つまり、現状ケースとして比較の対象となるコストは、約400億円（1 億個＊400円）となります。尚、この単価の設定は、ヤマトホールディングの2020年ファクトデータ（参考文献［7-7］）では676円と表示されていますが、大手の顧客に対しては若干のディスカウントがあるものと仮定します。この現状ケースをベースケースと呼びます。

| | 小田原出荷 | 川越出荷 | 市川出荷 |
|---|---|---|---|
| 個数集計 | 39,104,127 | 24,987,742 | 34,666,608 |
| 個数合計 | | | 98,758,477 |
| | 単価　¥400 | 現状輸送費 | ¥39,503 $m$ |

表 7 - 1　現状ケースの個数と費用（$m$ は百万円）

　このベースケースに対して、新しい形の輸送を考えます。その場合、3 か所の FC から385か所の委託先までの輸送コストですが、3 か所から385か所に直接運ぶのはあまり現実的ではありません。というのも、3 か所の FC ではすべて同じ製品を在庫しているわけではないので、基本的に各委託先センターに対して毎回3 か所の FC からトラックを出すことになってしまい、割高となり手間もかかりそうです。

　そこで米国アマゾン本社の戦略を拝借して、ソーテーションセンター（SC）をこの地域内に設定して配送の効率化を図ります。その場合、各 SC の担当地域を決めて、その中にある配送センターへの注文はすべてその SC へ一旦輸送します。その後、SC から別便で地域内の配送センターへ配送をするとします。特に FC から SC への輸送は大型車を使うことを前提として大量輸送を行って輸送単価を下げ、SC から配送センターへは中型車で頻繁に配送を行うことを考えます。

　荷量については、385か所にランダムに割り当てることとし、委託先配送センターからの個配は一律150円かかるものとします。約 1 億個の荷量もランダムに385か所のセンターに割り当てる（大体均等）ので、結果的には**表 7 - 1** のようなベースケースが生成されます。正確な計算結果は、年間個数が98,758,477個、配送費は395億339万円です。

　次に SC 設置して配送を行うためのルート構造について解説します。FC から SC へは直送により満載してトラックを 1 日何便か出すことにします（幹線便、**図 7 - 5** 参照）。また SC からその周辺委託先センターへは次のようなルート配送を行うものとします。ルート配送は含まれるセンターの数によって、直線、三角、四角ルートを考慮します。ルート配送ではルートに含まれるセンターに毎回立ち寄り、その時点までの SC からの配送物を届けます。

　SC の候補地は既に緯度経度を取得している385か所の中から選ぶこととします。SC の数については特に制約はなくて、配送コストが最小であればよいとし

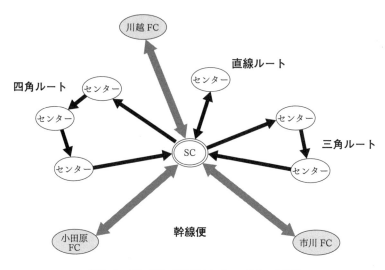

図 7 - 5　FC、SC、委託先センターへのルート構造

ます。また、SC の拠点費用として、処理物量に応じて年間 1 〜 2 億円とします。

　FC と SC 間の幹線輸送については大型車での往復輸送とします。費用は専用車として 1 日 8 万円、また満車で800個の注文を運ぶことができるとします。SC から委託先センターまでのルート配送は中型車を使うとし、1 日 6 万円、満車で500個の輸送が可能とします。


最適化モデルとソフトウェア

　ここで使われる最適化解法は、前述の「配車問題の解法」セクションで紹介したルート生成型のアルゴリズムを拡張したものです。特に本モデルでは、拠点配置とルート生成を同時に行うという特徴があります。またこの算法では、可能な選択肢を多数列挙してそれぞれにコストを計算し、候補の組み合わせの中から一番安価なものを選ぶというアルゴリズムになります。

　例えば、SC の一つを候補地とすると、その周りで可能な直線ルート、三角ルート、四角ルートを生成します。全体で385か所のサイトがあると、一つの SC 候補から直線ルートとしては384個できるわけですが、その中には明らかに非効率な組み合わせがあるので、それらを簡単なルール（例えば距離が一定以上のものは NG）で除外するとします。また三角ルートは潜在的に全部で73,536個あり

| シナリオ ID | SC サイト費用 | 幹線費用 | 支線費用 | 末端委託 | 総計費用 |
|---|---|---|---|---|---|
| 現状ベース | — | — | — | — | 395.0 |
| 三角ルートのみ | 73*（44 か所） | 33.4（139 台） | 36.2（201 台） | 148.1 | 290.7 |
| 三角＆四角ルート | 44（22 か所） | 26.9（112 台） | 40.1（223 台） | 148.1 | 259.1 |

表 7 - 2　配車シミュレーションの結果（単位：億円、*は一部拠点費用が 1 億円）

ますが、これも簡単なルールで一部を除外します。四角ルートも同様に生成します。これによって、すべての有望な SC 候補地とその周りの可能なルートの候補が列挙されたことになります。尚、五角ルート以上も生成可能ですが、物量を考えるとあまり可能性はなさそうです。また、四角ルート以上を必ず取り入れなければならないというルールもありません。

　さて、候補を列挙した後に、これらの候補から最適な組み合わせを選んで、385 か所のセンターが SC になるか他の SC からのルートに含まれているようにします。そうすれば、全てのセンターに必ず荷物が到着することになります。そのような最適解を選ぶには、前章で紹介した整数計画法を使います。尚、モデル詳細やデータについては後続書で説明の予定です。

　計算結果

　例えば、三角ルートのみを使い、全く四角ルートを使用しないケースを作ると、全部で 1 万 7 千個程度のルートが生成されます。また、四角ルートまで使ったケースでは全ルート数は 13 万 8 千個あまりです。これらを線形計画法のソルバーで解いた結果は**表 7 - 2** の通りです。

　三角ルートのみを使用した場合の全物流費用は現行の 395 億円から 290 億円ほどに下がり、年間で 100 億円を超える費用を削減できることが分かります。また、四角ルートまでを利用すれば、費用削減額はさらに大きくなり、136 億円程になります。

　尚、この結果では初期投資額が含まれてないので、すぐにそのような投資効果が得られるわけでもありません。またシミュレーション結果では、現場の物理的な制約を無視しているところもありうるので、そのままこれらの案が実現されるというわけではありません。

　しかしながら、潜在的にこれだけの投資効果があるということを示唆している

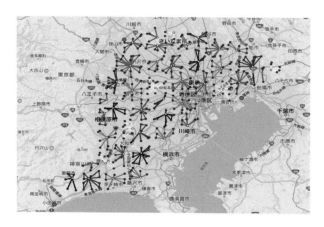

図7-6　三角ルートを使った拠点配置とルート構造

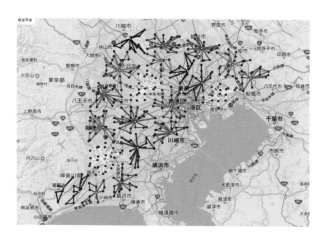

図7-7　四角ルートを使った拠点配置とルート構造

わけで、これに向かって進むべきであるのは明らかではないでしょうか。従って、このような簡易分析があれば、具体的なプランが作成でき、更に実現を目指して次のステップに進むことができます。尚、計算結果には分刻みのトラックスケジュールが全車両に対して与えられているので、それを基にかなり詳細なオペレーション情報が取れることになります。つまり、現実を巻き込まずして、案の実現性がかなり見えてきます。

　図7-6に三角ルートを使った拠点の配置とルート構造を示します。44か所の

SCの29か所は処理数が多いので、拠点費用が多めになっています。

　次に四角ルートを含んだルート構造とSCの配置を示します（**図7-7参照**）。四角ルートの方が三角ルートの場合よりも拠点数が少ないので、各SCでのルート数は三角ルートのSCよりも多めになっています。また四角ルートのSCでの物量は、三角ルートの場合よりも多くなります。その分四角ルートでのSC拠点総額は多くなっていますが、物理的に四角ルート案が実現可能かどうかは検証する必要があります（同じ意味で三角ルートの検証も必要ですが）。

　これらの案を実施に移す際に、考えられるリスクについて更に議論してみます。

### 中継拠点SCの設置とオペレーションについて

　上記シナリオでは、SCサイト拠点を22~44か所設置するという答えが出ています。また各SC拠点の運用費用として年間1～2億円という前提で、荷量に合わせて変化するものとされています。これらの値が妥当かどうかの判断は、オペレーションの内容にもよるので単純ではないかもしれません。但し、たとえその額が少なくても上記の結果を見れば、運用費用が多少増えても十分に投資効果がある可能性が高いと判断されます。むしろ問題はオペレーションの内容やそのような場所が見つかるかどうか、特に作業スペースが十分に確保できるかどうかという点ではないでしょうか。

　SCでのオペレーションの中味ですが、幹線便とルート配送の車両が複数便出入りする形になります。入荷があった後にルート配送の車両に荷量を積み替え、早急にルート配送に出発する形をとります。幹線便からルート便への乗り換えの際には、出来るだけ滞貨を作らないようにする必要があります。とはいっても、幹線便が3か所のFCから来るので、なるべく到着時刻を同期化しようとしても結局荷量はばらつくことは避けられず、滞貨はどうしてもできてしまうことになります。そのような在庫するだけのスペースが各SC拠点には必要となります。

### ドライバーのスケジュール

　SCからのルート配送を行うためには便数とルート数に合わせた車両とドライバーの確保が必要です。各SCの荷量からして、車両は基本的に1日中運行するスケジュールとなり、専用車となることが予想されるので、そのような専用車両

| シナリオ ID | SC サイト費用 | 幹線費用 | DP 費用 | 末端委託 | 総計費用 |
|---|---|---|---|---|---|
| 現状ベース | — | — | — | — | 395.0 |
| 44 SC・DP 委託 | 73*（44 か所） | 33.4（139 台） | 197.5 | — | 303.9 |
| 22 SC・DP 委託 | 44（22 か所） | 26.9（112 台） | 197.5 | — | 268.4 |

表 7-3　デリバリープロバイダーを利用した結果（単位：億円）

とドライバー、若しくは外部配送ドライバーの確保が必要となります。結果として、1 ルートに複数のドライバーを割り当てる可能性もあります。

### 初期投資額

　上記の費用計算には初期投資額が含まれていません。現状で運送業者に全て任せている段階から、上記の配送システムに移行するためには、相当額の投資が必要となります。荷量のトラッキングは既にできているものと考えられるので、追加で必要なものは委託先までの荷量トラッキング、幹線便の配送トラックのスケジューリング、ルート便のトラックのスケジューリングシステムなどです。特に車両のトラッキングシステムは、SC 拠点での在庫を増やさないためにも、是非導入してルート配車につなげたいものです。これらのシステムに関する導入コストは簡単にははじき出せませんが、今後投資を複数年続けるものとすれば、十分に実現可能な額になるものと思われます。

### デリバリープロバイダーの利用

　上記のシナリオで、SC からルート配送でラストワンマイル配送業者拠点へ渡す代わりに、SC でローカルな**デリバリープロバイダー（DP）**に各個別宅への配送を委託するという手もあります。DP は主に個人業者であることが多いので、安定した輸送力を確保することは難しいかもしれませんが、立ち上がり時を含めて一部を DP に任せるという方式も考えられます。いずれにしても、もし DP を駆使した場合の総費用は参考になりますので試算してみると**表 7-3** のようになります。ここでは三角や四角ルートはなくても、SC の位置は前の計算通りとします。

　また、DP への委託料は、1 個あたり200円と設定しています。DP 利用の結果は、前述のルート配送を使った結果に比べるとやや高めになっていますが、その

差はさほどではありません。特に DP への委託費用200円は上限に近いと考えられるので、それが150〜180円になればさらに結果は良くなります。

　DP による十分な輸送力の確保は簡単ではないと思いますが、この結果を見る限り DP も一つの選択肢と言えるのではないでしょうか。

### 宅配便の値段設定と価格交渉

　上記ではアマゾン・ジャパンからの宅配便委託料金が400円と設定しましたが、ヤマト運輸は2019年には300円台に値下げしたという噂もあります。300円台の値がどこまで下げられたかにもよりますが、上記の幹線便とルート配送費用、拠点費用等が妥当であるとすれば、300円台の後半であれば結論にさほどの違いは出なくなります。また上記では初期費用が加算されていませんが、それを加えたにしても特に有利なオプションとは考えられません。結局、単価が300円台の前半にならない限り、宅配便業者のシェアは下がる傾向にあると考えられます。逆に言えば、宅配便業者はよほど効率的なネットワークオペレーションを実現しない限り、アマゾンのような大型ネット通販の荷量は戻らないのではないでしょうか。

　これから先の分析については、より正確なパラメータ値を入れたシミュレーションが必要になりますので、上記結果だけでは正確な結論を出しにくいとは思いますが、傾向については現状を反映しているものと考えます。

　分析効果の一つは、このようなシミュレーションモデルを使って、種々のシナリオについてより正確な費用を計算できた方が、宅配便の価格交渉では有利に立つということです。つまり、どこまで価格を下げてよいのか、どの選択の総費用が一番少ないのかなど、できるだけ正確に把握している方が値段交渉で優位に立つことができるのです。

　上記では荷主として種々のオプションを分析してみましたが、運送業側でこのようなシミュレーションを行うことも価値があります。というのも、相手がどこまで値下げを期待しているのか、限界価格はどれほどなのかを知ることは交渉事では重要です。逆に言えば、それらを知らずに交渉することは暗闇の中を歩くようなもので、リスクが高いと言わざるを得ません。別の業種ですが、筆者らは日本と米国間のビジネス交渉でこのような状況を見てきましたが、大抵は分析結果を持っている方が有利に交渉を進める結末になっています。

地域性

　上記では関東地域を対象としてシミュレーションを行いましたが、これを別の地域に適用することも可能です。その場合予想されるのは、関東と特性が異なる地域では SC を設定する選択でより大きな費用がかかってしまい、現状とそれほど差がでないという可能性です。特に面積がより大きい地域では、自前の物流網を設置するのがより難しくなることが考えられます。

　このような分析を各地方で行えば、どの地方で効率化が図れて、どうすれば自前の物流ネットワークが得策なのかを把握することもできます。それにより、全国一律 X 円というような契約はやや大雑把すぎるとなる可能性もあります。つまり、それでは荷主か運送業者かどちらかに極端に有利な条件となるのかもしれません。

　いずれにしても、モデル分析をした方が勝ちという構図にかわりはないでしょう。


シミュレーション結果の意味

　上記のシミュレーション結果は、アマゾン・ジャパンのような大口のネット通販業者では、できるだけ直送に近くすることがコスト的に有利であることを示しています。また宅配便業者の大幅値上げの後に再度値下げがあった状況では、今後再び値段交渉が続くことは確かです。一方で、ネット通販でのニーズでもあるリードタイムの短縮、特に当日配送への要求にも、競合上より柔軟に対応していかなければなりません。つまり、委託している配送業者に「お願いする」よりも、自社システムでのシミュレーションを行うことにより、リードタイムの短縮がどこまで可能か、どの地域でどんなサービスが可能なのか、ボトルネックとなっている部分は何なのか、費用をどこまで下げられるのか等の分析が可能になるわけです。

　現にアマゾン・ジャパンでは直送に向けての試みが着々と進んでいるようです。2017年よりデリバリープロバイダーという中小事業者向けプラットフォームを開始し、2018年にはアマゾンフレックスと呼ばれる個人事業主用の仕組みも導入しています。今後はさらに直送を広げる動きが加速していくのではないでしょうか。

　また、この分析結果からしてアマゾンの荷物がヤマト運輸に簡単には戻らない

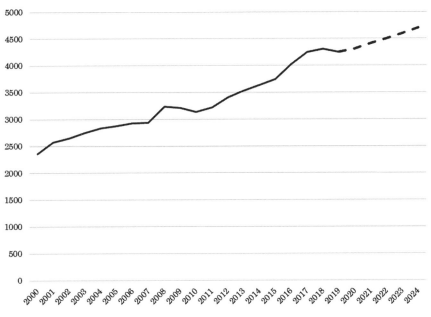

図7-8　日本の宅配便個数の推移（参考文献［7-8］）

ことは明らかです。勿論上記の数値は実際のタリフではないのですが、恐らく現実とはそれ程乖離していないものと考えます。従って、独自の配送網の方が格安であり、更に将来の拡張性・柔軟性もあるとなれば、ネット通販業者がその方向に突き進むのは当然と考えられます。

　では、このようなネット通販に対して、宅配便業者としてはどのような対応が可能でしょうか。そのような観点で、再度モデルを使って宅配便業者としての物流戦略分析を次節で探ってみます。

## 7.3　宅配便の物流ネットワーク分析

　日本の宅配便は、1970年代より着実な成長を遂げ、2019年度では年間43億個程度の宅配便が届けられています。**図7-8**にあるように、近年では年率3％程度で宅配便の個数が増えています。2020年のコロナ禍ではさらに宅配便の需要が増して、今後もこのような需要増加が続くものと見えます。つまり今後10年で3割

程度荷量が増すことを意味し、次の20〜30年くらいでは荷量が倍増する可能性があります（図7-8点線参照）。

　問題は、誰がその増加分の荷量を運ぶのか、です。既存の宅配便業者の輸送能力は既に満杯に近い状態です。今後働き手となる人口が増えないであろうという前提に立つと、単純に人を増加させるだけの輸送力増強はあまり考えられません。自動運転による配送システムの可能性もありますが、それらが既存の運送会社に取り入れられ、十分に使える状態になるのは恐らく10年先の話ではないでしょうか。その間に必要な輸送力はどのように確保すべきなのでしょうか。

　この問題へのヒントとなるべく輸送力に関する輸送シミュレーションを行って、解決の糸口を探ってみたく思います。本題に入る前に、まず近年日本でなぜ輸送力が逼迫した状況になったかを振り返ってみます。

### 近年の運送業者とネット通販

　最近宅配業者の輸送力が足りなくなっているのは、ネット通販の需要が増しているからと考えられます。特にネット通販大手のアマゾンの売り上げ増には目を見張るものがありますが、その影響が運送業者経営へのしわ寄せという形で現実化しています。

　アマゾン・ジャパンの荷物を日本通運から引き継いだ佐川急便がアマゾンビジネスから大幅な撤退をしたのは2013年です。もともと佐川急便はB to Bを得意としていたので、そのネットワークの特徴は納入先を絞ってターゲットとし、それに従って拠点数も増やさないというものでした。因みに佐川急便の営業所数は2020年8月時点全国で427か所です（参考文献[7-9]）。その逆のネットワーク戦略は日本郵便（JP）とヤマト運輸で、広く全国展開をすることを前提としています。但し、効率性やコスト的にアマゾンとは相性が良くなかったようで、JPでは漸く最近になってラストワンマイルの配送が拡大しています。

　佐川急便がアマゾンビジネスから撤退した後は、ヤマト運輸がその荷量を引き受けています。しかし、やはり荷量の増加に伴い、その余力輸送力が徐々にアマゾンの荷量に食い取られる形になっていきました。またヤマト運輸は創業以来値上げに対する一種の拒否反応があったようで、荷量が増えても必要な値上げを行わず、しわ寄せを末端の配送業務員や外部業者に押し付ける形で業務を拡大し続けていました。2017年の春には遂にその限界がきて、ヤマト運輸はアマゾンや他

のネット通販業者に対して、大幅な値上げや荷量の総量規制を行うことを宣言しました。

　元々ヤマト運輸は輸送能力の増強をめざして施設拡張もしていました。2013年7月から「バリュー・ネットワーキング構想」（参考文献［7-10］）という名のもとに、ゲートウェイと呼ばれる大型の新拠点を4か所に追加しています。また2016年9月には関東・中部間での当日配送を始める計画を発表もしています（参考文献［7-11］）。当日配送については、2016年の時点では、関東・中部間の開始、翌年に関東・関西間も考えていたようですが、2017年に値上げを発表したころには、それからの撤退を決めたようでした（参考文献［7-12］）。

　ヤマト運輸では、この「バリュー・ネットワーキング構想」で「止めない物流」を特徴とうたっています。さて、止めない物流とは何でしょうか。これは簡単にいえば四六時中平準化された配送処理を行うということで、ここでの分析のポイントとなる概念です。簡単な概念ではありますが、背景や意図についてはもう少し説明が必要です。


### "Time is money" の原理

　宅配便ビジネスを理解する鍵は、リードタイムと物量の関係です。ここでいうリードタイムとは、顧客が荷物を宅配業者に渡してから送り先に荷物が届くまでの時間を指します。例えば大抵の宅配便では、関東、中部、関西内であれば、翌日に届くことになっているので、リードタイムは48時間以内（大体は24時間程度）になっています。一方で一日の宅配便総量は年間3％以上のスピードで増加しています。

　宅配便のトレンドとしては、リードタイムの短縮と荷量の増加です。勿論値段の問題もありますが、競合上荷量を増やしながらリードタイムも短縮できればこれは大成功といえるでしょう。ところが、両方を目指すというのは段々と難しくなります。特に現状の翌日配送より短いサービスを考えるのは非常に大変です。従って宅配便ビジネスは、ある段階でどちらを目指すかという戦略上のトレードオフを考えなければなりません。

　勿論できる限りスピードと物量両方を追求し続けることも不可能ではないのですが、そのためには投資が必要で簡単ではありません。やはり、宅配便ビジネスは、"Time is money" なのです。

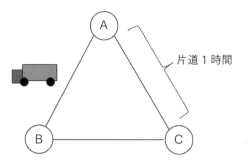

図7-9　3拠点間の宅配便例

　これを実感できる簡単な例をあげます。**図7-9**のように3か所の拠点があり、それぞれの拠点から他の拠点へ荷量が1個あるとします。3か所の位置は片道1時間の正三角形とします。ここで、満載で1個の荷物を運ぶトラックを使い、1時間以内にすべての荷物を届けるには何台のトラックが必要でしょうか。尚、荷役時間、つまり荷積みと荷降し時間は無視します。

　答えは6台で、各拠点に2台ずつトラックをおき、それぞれ他の拠点へ即荷物を送りださねばなりません。では、リードタイムを2時間にすればトラックは何台になるでしょうか。答えは3台で、各拠点に1台置き、時計回りか反時計回りに1台出します。更にリードタイム3時間では2台となり、リードタイム6時間で1台となります（具体的な車両配置とルートはクイズにします）。つまり、リードタイムが下がると車両は増えて、それにつられて費用も上がるわけです。安くて効率もソコソコなのは、いわゆる山手線方式で、内回りと外回りで2台の車両を運行するのが良さそうです（ここでも巡回セールスマン問題が登場します）。

　実際の宅配便ビジネスでは、拠点数は100か所以上になるので、必要トラック台数とリードタイムの関係はもっと複雑になりますが、"Time is money" の原則は同じです。これを理解した上で、実際の例を見てみましょう。


既存ネットワークでの輸送を分析してみる

　既存の物流ネットワークを改良して輸送力の増加を目指すことも可能です。ここでは、具体的な例を使ってどのような改善が可能かを分析してみます。

　ここではヤマト運輸の物流ネットワークを使って実例を作ります。ヤマト運輸

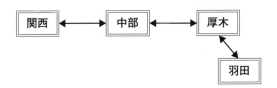

図7-10　ヤマト運輸のゲートウェイネットワーク

のトラック網では、まず全国6,000以上ある営業所やセンターに集められた物量を夕方くらいに各地域担当の主幹支店（**ベース**と呼ばれています）に送ります。ベースは全国で70か所くらいあり、主に夜から夜中にかけて巨大なソーターを回し、集荷された荷物を高速に仕分けします。その後仕分けられた荷物は行先ベース別のトラックに載せられ即出発し、深夜から早朝にかけて目的地のベースに着きます。その後早朝には各ベース担当地域の営業所やセンターに送られ、午前中から午後にかけて個別宅に配達されます。

　ヤマト運輸はこのやり方を基本として暫く成長してきましたが、2014年くらいから拠点と輸送で能力的に逼迫した状況がきて、設備の拡張を行ってきています。その一つの試みがゲートウェイと言われる新拠点の設置で、これまでのベースよりさらに仕分け能力のある巨大な物流センターを2018年にかけて4か所設置しています。

　**図7-10**がヤマト運輸のゲートウェイ拠点で、矢印がついている拠点間に大型の車両を頻繁に走行することにより、関東・中部・関西間の荷量を大量に高速で処理するというアイデアです。

　このようなネットワークでは、既存の集荷拠点（ベースと呼ばれる）に集めた荷量を地域ごとに設定したゲートウェイに送り、ゲートウェイ間で大型車を使い大量に、しかも継続的に輸送を行うことを目指すものとされています（参考文献[7-13]）。既存のベースとゲートウェイ拠点の関係は明確には示されてはいませんが、実はいくつかの可能性があります。

　例えば、ゲートウェイをベースと同じに使う方法が一つのやりかたで、それにより逼迫した既存ベースの物流を緩和することができます。別のやり方は、ベースからすべての荷物を一旦ゲートウェイに集める方法で、そうすれば全体の処理荷量を増すことができます。別な可能性としては、一部の法人顧客の荷物だけ特別に扱うというパターンで、例えばアマゾンのような大型顧客の荷物で当日配送

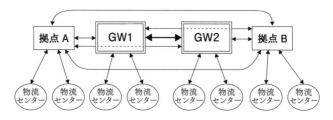

図 7 -11　ゲートウェイネットワークの構造

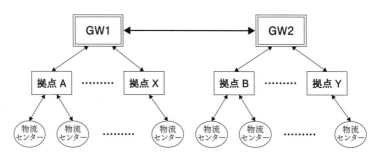

図 7 -12　ゲートウェイネットワークの構造 2

分だけをゲートウェイで取り扱うやりかたです。只、ゲートウェイへの投資額を考えれば、限られた荷量だけを扱うというのはあまり投資効果がよいとはいえないでしょう。いずれにしても、最適な使い方は荷量、値段設定、ゲートウェイ内の設備能力、位置関係等により決まるので単純にこうすればよいという類の問題ではなさそうです。

　ゲートウェイ構造の考察

　これらの前提を踏まえて、ゲートウェイと既存拠点（ベースなど）との関係を再度考えてみます。まず通常の拠点であるベースに比べてゲートウェイは処理能力が大きいという特徴を持ちます。このゲートウェイをどう使うかですが、大雑把に２つのやり方の比較をしてみます。

　一つは通常のベースと同じレベルで利用し、既存拠点に割り当てられていた地域割をゲートウェイに合わせて調整するというものです。実はこれであればゲートウェイというような呼び方をあえてすることもなくて、大型拠点（スーパー・ベース）としても同じです（**図 7 -11**参照）。

二つ目はベース間の荷量を一旦ゲートウェイに集めて、まずゲートウェイ間で荷量の交換を行い、その後既存拠点に戻すというやりかたです（**図7-12**参照）。

　これらのやり方にはそれぞれ長所と短所があります。一つ目のやり方は、配車とか運用方法は基本的にこれまでと同じで、只地域割りを変えるだけなのでそれ程の変更を取り入れずに作業をすすめられるはずです。但し、さほどの投資効果はでないかもしれません。

　二つ目のやりかたは物流に構造的変化をもたらすので、大きな恩恵をもたらす可能性はあります。特にゲートウェイ間の輸送を頻繁に行うことにより、全体的にトラック数を減らし、物流処理量の増加が期待できるはずです。但し、このやり方だと拠点での荷役回数（仕分けも含む）が増えて荷物の滞留時間が増加することになります。そうすると、リードタイムに制限のある荷量に対しては不向きなやり方といえます。従って、今多くのネット通販業者から期待されているリードタイムの短縮（例えば当日配送）には寄与しないのが気になるところです。これについては、更に以下で最適化モデルを使って分析してみます。


分析のポイント

　さて、このようなゲートウェイに基づいた輸送方式は果たして期待するような投資効果を生むものでしょうか。また、ゲートウェイ間のトラック運行で何か最適な方針はあるのでしょうか。答えはそう簡単ではないと推測されますが、まずはこのゲートウェイ方式での具体的な疑問点を上げてみましょう。

　まず2つのゲートウェイ間のトラック運行ですが、どの拠点間の運行を行うのかを考えます。一番単純なのは、図7-10にある路線（実線矢印）だけを運行するやり方があります。このやり方はシンプルで運行スケジューリングは楽になりますが、拠点を通過するたびに荷役があり、より多くのリードタイムがかかることになりそうです。つまり、羽田から関西行の荷物は、厚木や中部で一旦荷降ろしをして積み替えるとすれば、それだけで荷役時間や滞留時間が増えてしまいます。従って、もし荷量の移動時間短縮を優先するならばこのような隣接拠点間のみを運行するのは得策ではありません。只、トラックの運行としてはより短い区間を走ることになるので、例えば2台連結したコンボイ型トラック、スーパーフルトレーラー25（参考文献 [7-14]）や将来の自動運転車では実現がより簡単になります。

逆にリードタイム短縮を意識すれば結局すべてのゲートウェイ間に直行便を出す結果になるのではないでしょうか。その場合は、今度は帰り荷の有無や積載率が問題になりそうです。尚、どの業種でもいえることですが、関東と関西では相互間の荷量にアンバランスがあり、どうしても関東発の荷量が多くなりがちです。なので、例えば羽田発関西行き便では往きは満載でも帰り荷がない場合も出そうで、それによって積載率が減れば結局割高となります。

直行の区間を設定する場合に、厚木・関西や羽田・関西間の運行が問題になりそうです。これらの区間は同一日に往復するのは難しく、長距離便として行先で休憩（実際は8時間以上の仮眠をとるなど）をすることになり、翌日の荷を拾って帰るということになります。但し、その場合日毎に荷量はばらつくでしょうから、翌日に帰り荷があるという保証はありません。つまり、一部空で帰着するということもありうることとなります。

又、中部ゲートウェイの位置ですが、微妙なところにあります。恐らく名古屋の近辺に置きたいという意図があるのでしょうが、全体的に俯瞰すると関西よりになっています。厚木・中部間や羽田・中部間の運行で、片道移動時間とドライバーの最大勤務時間にも関係しますが、往復運転や1日で2回転往復可能かどうかが疑問になります。もし、中部ゲートウェイをもう少し厚木よりに設置した場合には、厚木・中部間の折り返しの運転の2往復が可能になり、それによりトラック台数が削減できる可能性があるかもしれません。

同一トラックによる複数回転については、厚木・羽田間は可能でしょうが、現状では関西・中部間は難しいと考えられます。しかし、中部を更に関西よりに設置し、又は関西をもっと中部よりに設置すれば関西・中部間の2回転も可能になるかもしれません。このような試行については、まずはシミュレーションで検証するのがよいと思われます。

これらの点を踏まえて、単純な荷量と道路ネットワークを使い、実際の配車シミュレーションをしてみます。分析の目的としては、以下の通りです。

Q1：トラック運行のルート設定：直行（全てから全て）と中継の比較
Q2：帰り荷の設定：往荷を降ろした後の帰り荷を拾う待ち時間の設定

| 発地 / 行先 | 羽田 | 厚木 | 中部 | 関西 |
|---|---|---|---|---|
| 羽田 | 0 | 1000 | 1000 | 1000 |
| 厚木 | 1000 | 0 | 1000 | 1000 |
| 中部 | 1000 | 1000 | 0 | 1000 |
| 関西 | 1000 | 1000 | 1000 | 0 |

表 7 - 4　シミュレーション用の荷量

## 分析のための設定パラメータ

モデルを使った分析を行う場合には、種々の人為的なパラメータの設定が不可避です。作られたモデルにも種々のパラメータを設定する必要がありますが、主なパラメータを説明します。

中継を行う際の重要なパラメータの一つに荷物の待ち時間があります。これは荷がある拠点に到着した後に、何時間以内で次の便に繋げるかという間隔です。つまりトラック台数を気にしないのであれば、荷物が中継地に着き次第すぐに別トラックに積み込んで次の目的地へ出発させるということもできます。しかし、実際には少し待てば他の荷量と合わせてより満載となる便を作ることができて、より積載率の高い運行結果になる可能性は大です。但し、いつまでも荷を待たせると便の積載率は良くなっても、リードタイムが悪くなって最終顧客への遅配にもつながりかねません。その意味で、荷の待ち時間と積載率はトレードオフの関係で、最大荷物待ち時間をシミュレーション実行のパラメータにすることが考えられます。

また、荷量のルートをパラメータ化することもできます。例えば、今回のゲートウェイの場合、羽田と関西間の荷量を直行便で行くのか、途中の中継地を介するのかが一つのポイントになります。これらの選択は入力パラメータとしてモデルに設置し、それぞれについての計算結果を比較してみることができます。

## 荷量の設定

ゲートウェイ間の荷量については簡単のために関東発を多めにして、**表 7 - 4**のように設定します。ここで 1 台のトラック（10トン車）には16個の荷量が入るものとしています。ここではすべての拠点間の荷量が同じになっていますが、勿論実際の荷量を入れれば、より現実に近い結果になります。只、区間荷量は公表されていないので、まずは分かり易い値に設定します。

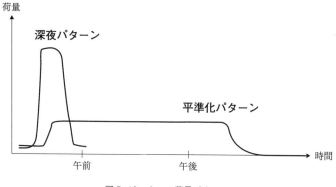

図7-13　2つの荷量パターン

　上記荷量は1日の区間合計量を与えますが、配車シミュレーションを行うに
は、時間ごとの荷量が必要になります。つまり、個々の時間帯の荷量予測を計算
するために、時間ごとの分布を設定し、2つのパターンについて荷量分布を考え
ます。一つは現実に近い形で、深夜から早朝に荷が集中するケースで、もう一つ
は深夜から午前午後にかけて荷量が分散するケースです。

　一つ目は現在日本で行われている1日1回を前提とした宅配便のパターンに対
応して、夕方までに顧客からの集荷を終えて、拠点間の配送を夜間から明け方に
行い、翌日の午前中から地域ごとの営業センターや配送拠点で個別の配達を行う
ものです。このパターンでは、拠点間の荷量は深夜から明け方に集中することに
なり、拠点間輸送もこの時間帯に集中します。従って、ゲートウェイ間の輸送も
深夜から早朝にかけて発生するものとし、表7-4の1日荷量を深夜から早朝の
みに一定比率で振り分けて時間帯毎の荷量とします。この荷量パターンを「深夜
パターン」と呼びます。

　比較のために、荷量の平準化を図った別の荷量パターンを設定します。上記で
も少しふれましたが、現在日本の輸送力逼迫の原因の一つは、深夜から明け方に
かけて荷量と作業が集中しすぎていることです。もし、荷量が1日を通じて満遍
なく発生するものとすれば、かなりの輸送力逼迫を緩和できるものと考えます。
このアイデアを試すべく、1日の総荷量は同じとしても、時間ごとの荷量分布を
もっと平準化したもの（深夜から午前午後にかけて毎時間同じ量とする）とした
場合について計算してみます。以下では、このような荷量シナリオを「平準化パ

ターン」と呼びます。

それぞれの時間分布については、図7-13になるように設定します。尚、これらは実際の荷量分布ではなく、あくまで単純な推測で集中と分散を表現したものです。

シミュレーションモデルは幹線配車モデルで作る

拠点間の輸送トラックをスケジュールする数理モデルは、配車の章で幹線輸送用の配車アルゴリズムについて解説したもので、モデルの詳細については、後続書で紹介する予定です。ここでは簡単に線形計画法によるルート生成アルゴリズムを使用するというだけにとどめます。

ゲートウェイのような中継拠点を含む配車計算をする場合、一番厄介な部分は、荷物が中継される拠点にいつ着くのかが不明であるという点です。つまり中継がある荷量については、発地での出発時刻が決まらないと、中継地での荷量の到着時刻が決まりません。従って後続便の出発は、発地のスケジュールが決まらないと決められないということになります。よって順序を決めてスケジュールを作っていくというような計算方法は、帰り荷のスケジュールが予め分からないので計算が難しくなります。そのかわり、すべてのトラックの便を同時に決めるというやり方にすれば辻褄があいます。その意味で、線形一次方程式を使った線形計画モデルが一番適用しやすいのではと考える次第です。また、一旦線形モデルを作ってしまえば、モデルを解くには線形計画法の解法アルゴリズムが使えます。ソフトウェアとしても組み込み可能な線形計画ソルバーが提供されているので、これを使うと全体の最適化モデルもソフトウェアとして簡単に組みやすくなります。

特記しておきたいのは、この分析で使われるシミュレーションモデルは筆者が独自に汎用目的で開発したもので、特定の顧客情報を元に作成されたものではないという点です。よって、同じような物流ネットワークのスケジューリング問題であれば、同じようなデータを作れば簡単に適用できるものと考えます。

シミュレーションの結果：直行 vs. 中部中継

上記の幹線モデルをセットし、拠点間荷量を与えてソルバーで解を求めた結果について紹介します。シミュレーション用のデータは全てネット上で明らかにな

| 直行・待ち | 60分 | 120分 | 180分 |
|---|---|---|---|
| 総台数 | 664 | 572 | 508 |
| 長距離台数 | 252 | 252 | 252 |
| 積載率（%） | 56.5 | 65.6 | 73.8 |
| 平均LD | 5時間2分 | 5時間16分 | 5時間34分 |
| 最大LD | 8時間51分 | 9時間51分 | 9時間51分 |

表7-5 直行ルートの結果

っているものを使い、物流ネットワークの特性を調べるために若干のパラメータ値を変えたものを比較検討しています。

上記のゲートウェイネットワークでの一つのポイントは、大阪・東京間の長距離便を直行にするか中継にするかという点でした。折角大型拠点としてゲートウェイを設置しているので、中継拠点として使い処理荷量を増やすのが望ましいところですが、中継をすると他に問題が出るのかどうかという点が検証のポイントとなります。


直行ルートでの結果について

まずルート選択を全て直行とした場合を示します（表7-5参照）。ここでは、中継での荷の最大待ち時間を60分、120分、180分とした3ケースについて比較をしています。ここでの待ち時間は、積載率との関係で重要なパラメータとなります。今モデルでは、車両は所属拠点から荷を積んで出発し、目的の拠点に着いた後に帰り荷を拾って帰着します。その際に行先拠点で待ち時間をとればとるほど他からの荷が到着して帰り荷が増えるという現象が起こるはずです。つまり、待ち時間を増やすほど、帰り便の積載率が上がるということなのですが、一方で何が犠牲になるのでしょうか。

上記結果を見ると、配車台数については中継拠点での最大待ち時間を増すと積載率が上がることになり、それによって台数がかなり減ることが確認できます。つまりこれは荷をより長く待つことにより、使用台数を大幅に削減することができることを意味します。

一方で、実務での問題はどれだけ待つ必要があるのか把握できるかどうかという点です。もし正確に待ち時間と積載率の関係が分かっていれば、どれだけ待つべきかの判断も楽になりますが、それが不明の場合にはかなり難しくなります。

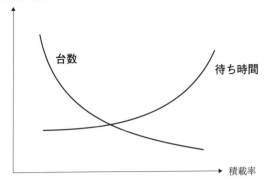

待ち時間 / 台数

台数

待ち時間

積載率

図 7 -14　物流ネットワークの特徴

　さらに現場では渋滞や天候等の不確定な要素も関係してきます。それによってど
れだけ待つべきかより不透明になるはずです。よって何らかの仕組みを作らない
と、勘と経験の世界が育つというようなことになりそうです。

　これを打開するにはシステム的なアプローチが不可欠です。特に、ここで全車
両の進捗をリアルタイムで見るシステムの必要性が見えてきますが、詳しくは後
述の「ディスパッチ型のスケジューリング」でさらに議論します。

　表 7 - 5 でリードタイム（LD）はすべての荷量に対して、初めのゲートウェイ
に荷が着いてから最後のゲートウェイで荷降ろしが終わるまでの時間を示してい
ます。平均 LD はすべての荷量のリードタイムの平均値で、最大 LD はその中の
最大値を示します。これらは、中継待ち時間幅を広げればより大きな値になりま
す。また、積載率をあげると、リードタイムも増えるという現象も示していま
す。そのような LD と待ち時間、積載率、車両台数の関係をグラフ化してみると
図7-14のような絵が描けます。

　長距離便の取り扱いについても説明が必要です。例えば上記では、羽田・関西
間と厚木・関西間の便については片道のみとしています（表 7 - 5 で長距離台数
の行）。またそのような片道運行でも台数は 1 台として加算していますが、これ
には注釈が付きます。

　羽田・関西便は早朝に羽田を発って昼くらいに関西に着く感じです。運転手は
その後即羽田に帰る便を担当することは難しくなります。というのも、法令上連
続運転が16時間を超える場合には、ドライバーは 8 時間以上の仮眠休憩時間をと

る必要があります。もし関西で8時間の休憩をとってしまうと、上記例では帰り荷はなくなってしまうことになります。また帰り荷がないまま羽田に帰ってしまうと、翌日の同じ便を担当することは難しくなるので、翌日は別な運転手が必要となります（一つの便を2人で担当）。また全体の積載率も低下します。

　この事態を避けるには、関西からの帰着を翌日の朝にあてがう手があります。つまり、翌日の帰り便で、もともとその日に関西から羽田行で朝一に出発する便で担当するはずの荷を拾うことで、帰りを満車にすることができます。これにより一つの片道便を二人の運転手で日を変えてカバーする現象を避けることができます（これについては、第4章の配車セクションで「襷掛け配車」として説明をしている）。

　只、問題はそう簡単ではありません。というのも、上記のように関西・羽田間で毎日荷量が双方向同じであれば正確な襷掛け配車ができますが、方向により荷量が異なる場合には翌日の帰り便に荷量がある保証はありません。例えば上記では、羽田→関西で1日1,000個の荷量があるので、63台の車両が使われますが、翌日同じ荷量がなければ一部は空で帰る結果となります。その場合は、上記の台数の一部が運用上増える可能性が高くなります。因みに関西・羽田と関西・厚木間の直行台数は、長距離台数の行に示されています。つまり、日別の荷量分布によっては、余分な台数が追加される可能性もあります。

　更に帰り荷で関西から羽田の荷量だけではなく、途中の中部や厚木往きの荷物を拾って帰ることも考えられます。只、その場合には別便の中部や厚木からの往き荷を奪う可能性もあります。このような連鎖反応を避けて最適化を図るためには、全体をモデル化して最適化するしかありません。つまり、それは2日間の荷量を予測して、全体的な配車をすることを意味します。複数日の配車を行うことにより、使用台数の削減可能性は増すのですが、一方では予測の精度という問題も起こります。通常は2日後、3日後となれば予測精度が落ちるという現象がおきます。つまり一概に問題設定を大きくして解けば、よりよい実績に結び付くというわけでもないのです。

　結局1日毎に堅実な配車をするか、数日間の予測を使って数日間の配車をするかは、予測の精度や車両の使い方次第となります。もし毎日の需要がさほど変わらないのであれば、複数日のスケジューリングを行うことにより、帰り荷の取り方などで知見が得られることもあるでしょう。逆に、毎日の荷量変化が激しい場

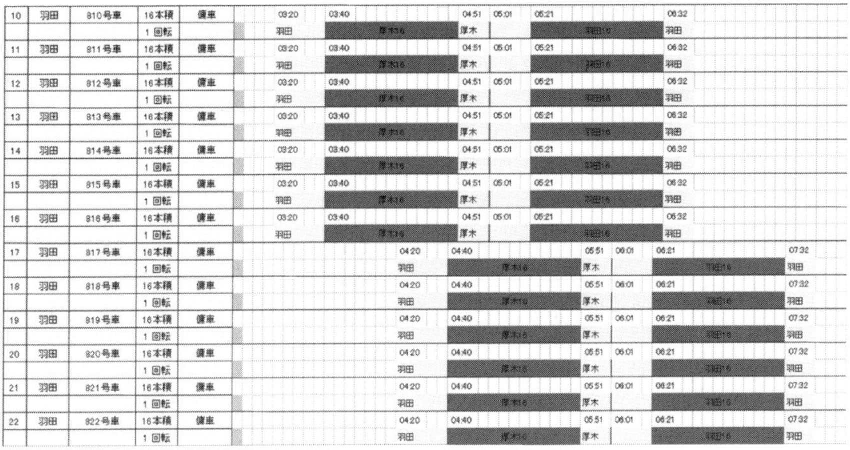

図7-15　配車結果のガントチャート・イメージ

| 中部中継・待ち | 60分 | 120分 | 180分 |
|---|---|---|---|
| 総台数 | 661 | 570 | 505 |
| 積載率（%） | 75.6 | 87.7 | 99 |
| 平均LD | 5時間20分 | 5時間37分 | 6時間 |
| 最大LD | 9時間26分 | 10時間26分 | 11時間26分 |

表7-6　中部中継ルートの結果

合は、できるだけ予測精度を上げてダイナミックな配車をする方がよいはずです（**図7-15**のイメージ参照）。

　尚、荷量が不安定になると1日の配車でも不確定性が問題になる可能性もあります。そのような状況でも実データの取り方である程度問題を解消できる方法もあります。このような複数拠点間の荷量予測と現実の差異を解消するスケジューリングの方法についても、8章の「ディスパッチ型の配車スケジューリング」を参照してください。

中部中継ルートの結果

　次に紹介するのは、羽田・関西間の荷量と厚木・関西間の荷量をすべて中部中継で行うとしたケースです（**表7-6**参照）。このケースでは、関西・羽田や関西・厚木間の直行便がなくなり、それらは途中の中部で中継される形になりま

| 中部中継・待ち | 60 分 | 120 分 | 180 分 |
|---|---|---|---|
| 総台数 | 548 | 513 | 510 |
| 積載率（％） | 91.2 | 97.50% | 98 |
| 平均 LD | 5 時間 37 分 | 5 時間 51 分 | 5 時間 53 分 |
| 最大 LD | 9 時間 26 分 | 10 時間 27 分 | 11 時間 7 分 |

表 7-7　荷の平準化シナリオで中継ルートの結果


す。また厚木・中部間の便や羽田・中部間の便は、1日で折り返しが可能としているので、前述の直行ケースにある翌日便とのつなぎや襷掛け配車の問題はなくなります。

　中継拠点での待ち時間と積載率、およびリードタイムの関係は、直行便のケースで説明したのと同じ傾向を示しています。特に中継待ち時間を3時間まで広げれば、積載率が99％になるということは、3時間待てばほぼすべて荷量を拾うことができて、完ぺきな配車ができるということになります。但し、LD が犠牲になるので、そのような運行で荷物締め切りが間に合うかがポイントになるでしょう。

　直行のケースと比較すると中部中継の方が少し台数も減り、積載率も上がる傾向があります。さらに、直行では関西・羽田間や関西・厚木間のように長距離便が出る可能性もあり、実際の台数はもっと差が出る結果になると考えられます。従って、全般的には中部中継の方が良さそうですが、リードタイムについては、中継分1〜2時間増える結果になっています。その遅れが許せるかどうかで直行優先かどうかの選択が決まってくるのではないでしょうか。


　平準化荷量のケース

　荷量を深夜に集中させずに、深夜から午前と午後にかけてバランスさせたケースの結果を表示します。そのような荷量分布の利点は、コンスタントに荷が存在するので、ゲートウェイで長い時間待ち時間をとる必要がないということです。表7-7に平準化の荷量分布に従って計算した結果を示します。

　この表は中継待ち時間の最大値を3パターン変えた結果で、先の荷量が集中する「深夜」シナリオに比べると、「平準化」シナリオで遥かに台数が少なくなることが確認できます。これは、荷量が深夜から早朝にまとまっていないので、待

ち時間が少なくても帰り荷が見つかることを意味しています。コンスタントに荷量がでれば、到着した便に即帰り荷を付けることによって積載率があがり、結果として台数の削減が可能になるわけです。

　この荷量平準化の効果については、現在のドライバー不足の問題を解決する案として大変示唆に富むものではないでしょうか。これによって、荷量を午前中に出すべく値引き等の料金体系を出すとか、特定のネット通販業者に対して午前中に荷量が出るような割引サービスを提案するなどの手が考えられます。それによって、荷量のバランスをとって平準化を行うことができれば、結局は全体の輸送コストの削減と効率的な配車が可能になり、値引きも正当化されるものと考えます。

## 7.4　当日配送のための物流ネットワーク

　ヤマト運輸のゲートウェイネットワークを使った当日配送はどうすればよいでしょうか。関東、中部、関西地域内での**当日配送**はゲートウェイネットワークを使うことはないでしょうから、ここでは異なる地域間の当日配送の可能性について考察してみます。尚、同じ地域内での当日配送について規模は違うにせよ、既に実施されている例があります。また、独自の配送方式を模索するには、上記のアマゾン・ジャパンの配送シミュレーションで行った分析結果も参考にして下さい。

　尚、ここでいう当日配送とは厳密には18〜24時間以内の配達を意味し、例えば前日夜から当日早朝に注文したものはその日に届くというなどというサービスを意味します。

### 厚木・中部間の当日配送

　まず、関東・中部間での当日配送が可能か、さらにどの時間帯で当日配送が可能かモデルを使って検証してみます。特にここでは厚木・中部のゲートウェイを利用することとします。表7-8の結果は、厚木・中部間のリードタイム分布、つまり厚木・中部間の荷に関して、厚木到着から中部ゲートウェイでの荷降し終了までの時間分布を示しています。尚、ここでは時間帯荷量分布は「平準化」パターンを前提としています。

| 中部中継・待ち | 60 分 | 120 分 | 180 分 |
|---|---|---|---|
| 平均 LD | 4 時間 42 分 | 4 時間 50 分 | 5 時間 48 分 |
| 最大 LD | 5 時間 22 分 | 5 時間 42 分 | 7 時間 22 分 |

表 7 - 8　厚木・中間のリードタイム分布

| 6AM | 10AM | 3PM | 5PM | 8PM |
|---|---|---|---|---|
| 通販荷量持込 | 厚木・中部中継 | 配送中継 | 末端配送 | |

図 7 -16　厚木・中部の当日配送例

| 6AM | 10AM | 3PM | 8PM |
|---|---|---|---|
| 通販荷量持込 | 厚木・中部中継 | 末端配送 | |

図 7 -17　厚木・中部の当日配送で中部から直送の例

　この表にあるように、厚木・中部ゲートウェイ間のリードタイムは最大 5 時間前後です。それを前提として、その前後でどのような時間設定をすれば関東・中部の当日配送が可能になるのかを探ってみます。

　**図 7 -16**は中部から別の中継拠点に一度荷物を持っていった場合の当日配送の例です。集荷については、朝の 10 時までに厚木に持ち込むことを前提にしているので、顧客からの注文は朝 8 時とか 9 時程度が最終となるとしています。それゆえに、ネット通販業者の拠点は厚木拠点そのものか、ごく近辺になければなりません。また、中部から再度中継する拠点への移動時間はせいぜい 1 時間程度でしょうから方面別に再度その拠点を中継するか、直接中部ゲートウェイから配送をするかとなります。

　因みに中部から直接配送をする場合は、**図 7 -17**のようなスケジュールになり、若干の余裕が加えられますが、中部ゲートウェイで末端配送をするような体制を組めるかどうかが問題になるかもしれません。

　いずれにしても、関東・中部間の当日配送はかなり時間的に厳しいので、既存宅配便業者には多大の負荷がかかる結果となりそうです。代替策としては、締め切り時間をさらに繰り上げるとか、ネット通販業者の倉庫を関東と中部に別々にもって製品を 2 か所に在庫することになるでしょう。但し、重複在庫の場合は売

り上げがどこで、製品をどこから出すかという追加の意志決定やそれを支える仕組みが必要となります。

### 公開されているヤマト運輸の方針との関係

上記の分析結果は、そもそものゲートウェイのアイデアと今後のヤマト運輸の経営方針の絡みが気になります。ここではウェブ上で発表されているヤマト運輸の方針を読み解きながら、今後の可能性について言及します。

再度「バリュー・ネットワーキング構想」と「YAMATO NEXT100」（参考文献［7-15］）では、"「宅急便」のデジタルトランスフォーメーション"や"ECエコシステムの確立"というだけで、リードタイムの短縮にはあえて触れていません。従って、当面は各センターでの二次仕分時間をなくすだけの短縮になるようです。

尚、ヤマト運輸が中部ゲートウェイをオープンした段階では、関東・関西間の当日配送を可能にする予定であることが示されていましたが（参考文献［7-13］）、その後同社はアマゾン向けの当日配送サービスからは撤退しています（参考文献［7-12］）。

実は上記の分析でもわかる通り、関東・中部の当日配送でもかなり厳しそうです。つまり不可能ではないにせよ、時間を気にしながら当日配送の荷物を区別しつつ拠点での仕分けや拠点間の配送が必要になるというわけで、簡単ではありません。従って、既存の宅配便サービスでそのような荷物を区別して特別な扱いをすることがどれだけ可能かという疑問が起こります。例えて言えば、いままですべてを各駅停車で運行していたサービスに、追加で特急や急行を導入することに近いわけで、それなりの仕組みと準備が必要となります。

そのようなサービスを行うための費用については、かなり面倒な仕組みと手間が掛かりそうだということです。電車を利用して移動する人間ではないので、荷物が勝手に乗る車両を選ぶことはありません。従って、荷物を処理する際には荷物のサービスクラスを一瞬で判断する仕組みが必要になります。又、特急の荷物を優先的に運ぶ幹線便やローカル便も設定しなければならないわけです。そのようなインフラ整備に加えて、トラックの台数やスケジューリングについても予め準備されていないと現場では対応が難しいでしょう。

そもそも既存のサービスにそのような特急サービスを加えることの投資効果も

把握していなければなりません。そのためには、リードタイムが異なるサービスをモデル化して、需要を予測しながら費用がどれだけ掛かるか、値段設定はどうすればよいのか、などのシミュレーションをすることが必要です。その分析をする力が日本の宅配便業者にどれだけあるかは不明で、今後の課題かもしれません（既に効果なしという判断になっているのかもしれませんが）。尚、種々の論文から察すると欧米の大手（参考文献：FedEex［7-17］, UPS［7-18］［7-19］, TNT Express［7-20］）ではそのような分析は既に実施されているようです。

## 既存宅配便は翌々日配達サービスをめざせ

ヤマト運輸は種々の課題があるにせよ、日本のB to C物流の重要なプレーヤーであることに変わりはありません。今後競争が激化するにせよ、同社には存続してそのサービスを継続してもらわなければなりませんが、では今後の戦略的な可能性は何でしょうか。中味の詳細は避けますが、やはり値段とリードタイムの関係を利用したサービスを導入することではないでしょうか。例えばあまり急がない顧客に対する翌々日配達をより安価で提供することが考えられます。特にゲートウェイのサイズを活用して、翌々日配達荷量は一旦ゲートウェイに持っていき、時間をかけて配送拠点に持っていくことも考えられます。ゲートウェイは規模的に大きなスペースがあるはずなので、経由で多少の滞貨増にも対応できるのではないでしょうか。

現在の翌日配送に比べて若干安価な**翌々日配送サービス**を導入すれば、現在翌日サービスにしている荷量の一部が翌々日に移動するはずです。それによって夜間の逼迫した時間帯の荷量が減り、昼間の時間帯の運送量が増え、全体としてより多くの荷量を運べるようになるはずです。

逆に当日配送をめざすのであれば、やや高めの値段の設定は勿論ですが、ゲートウェイ内やその近くにベンダーの倉庫を設定し、受注から配送のアウトソースをするサービス（フルフィルメントサービス（参考文献［7-16］）も考えられます。但し、ゲートウェイから直近でないと当日配送は難しくなります。

既存の輸送業者の強みは既に物流ネットワークの仕組みができていて、全国津々浦々に拠点を構えていることです。これを踏まえて、値段とリードタイムにあったサービスを提供することが生き残りの鍵ではないでしょうか。

いずれにしても需要にあった新サービスを考案し、最適化モデルによるシミュ

レーションを行いながら緻密な分析を行い、自社の物流ネットワーク構造を変えていくような取り組みが必要になるでしょう。今後ネット通販の荷量はさらに増える可能性が高いので、既存宅配便ビジネスにはこのようなサービスの追加が期待されます。一方で、競合参入の可能性も必然的に増えるのではないでしょうか。

### 最適化モデルを含めたテクノロジーが違いになる

翻って考えれば、一見不可能なような問題にこそ新しいビジネスチャンスがあるはずです。しかもこのような問題を解決するのは往々にしてテクノロジーです（例としてはアマゾンやウーバーなど）。可能性としては、既存の宅配業者がレベルアップするか、新しい技術をベースに当日配送を含んだサービスを展開するビジネスが出てくるかです。そのようなビジネスはどんな技術を利用すべきなのかを考える際には、まずどのような最適化モデルを中心とした仕組みがそれを可能にするのかを明確にし、それを支えるインフラシステムは何かを考えることになります。その具体的な例については、次章でさらに議論したく思います。

### 最適化モデルは投資効果抜群である

この章での分析で分かったことは、最適化モデルを使ったシミュレーション分析は種々の物流に関する疑問を解消し、より間違いのない物流戦略を示してくれるということです。これまでの経験からすると、メリットは物流費用全体の1割から3割程度になることもあります。しかもこのような最適化モデルによるシミュレーションはさほど費用がかかりません。専門のスタッフが数名いれば数か月でそれらしい結論が出るはずです。例えば前章で紹介したタンクローリー配車システムでも、投資回収期間は数か月程度で、効果は毎年繰り返されます。

分析費用に比べて、新拠点を設定したり、物流管理システムを導入したりする費用は桁が違います。因みに、大手運送業者の新規配送拠点設置には百億円単位の費用がかかりますが、そのための分析費用は0.5%以下と考えられます（実際は0.1%とか）。それがFedExで"Absolutely, Positively Operations Research"と言われている由縁で（4-5章と参考文献［7-17］参照）、経営者としてはやらない手はないと考えますが、日本ではまだまだ未開拓な部分です。

## 7.5 「物流危機、官民で夜の荷量減らせ」の記事

　以下は、2017年3月12日の日本経済新聞、「私見卓見」のコラムに記載された記事の転載です。

～～～～～～～～～～～～～～～～～～～～～～～～～～～～～～～～～～

### 物流危機、官民で夜の荷量減らせ
#### 伊倉義郎氏　サイテック・ジャパン社長

　ネット通販の拡大で宅配便の物流が増え、それを支える輸送力不足が喫緊の課題となっている。スマホで注文すると数時間以内に商品が届く便利さゆえに、ネット通販はこの先も増大を続け、輸送力不足はますます悪化しそうである。物流コンサルタントの視点でこの問題の解決策を提言したい。

　ドライバーの人材不足は簡単に解消しそうにはない。システム化や自動化、さらなる効率化ももちろん進められるべきではあるが、年間1割、2割と増え続ける物量に輸送力は追い付かないだろう。もはや満杯のパイプに水をいくら流そうとしても流れないのと同じ状況だ。ここは発想の転換が必要である。

　日本の宅配便はこの数十年で飛躍的な拡大を遂げた。その結果、「今日荷物を出せば明日届く」というのが常識になった。つまり、夕方ギリギリに出しても明日着くという概念が定着してしまった。

　宅配業者側は集荷、仕分け、拠点間輸送、配送という一連の作業を夕方から早朝までの時間帯に集中して行う体制を作ってしまっている。荷量が少ないころは十分処理能力もあったが、現在の物量では日本全体の輸送能力が限界に近づきつつある。

　処方箋は夜の輸送力を一段と増やすことではなく、夜の荷量を減らすことである。夜間の荷量を昼間、特に午前中に移動させ、荷の平準化を図る。そうすると、各時間帯の輸送能力にも余裕ができ、全体の輸送量も拡大できるのではないか。昼間に空で走っているトラックの積載率も向上し、夜中心のドライバーの生活の質も改善されるはずだ。

　この案を具体化するには、宅配業者が午前中の荷の運送料を下げるのが分かり易いが、現状では各社に値下げの余裕はなさそうである。ここは政府や地方自治体が何らかの支援策を考案すべきではないだろうか。例えば午前中に出す荷物について

は一律100円税金を軽減するとか、地域で使えるクーポン発行するなどの手が考えられる。

　荷が平準化されれば宅配業者の輸送コストも減る。それによる税収増で公的な支援費用は後に回収できるはずだ。さらには日本全体の輸送量の増加により国内総生産（GDP）の増大にも寄与する。荷量に関する各種データを突き合わせれば、おおよその効果もはじけるだろう。

　遅い時間に出した宅配便は、翌日に届かないと考えるのが自然ではないだろうか。

## 7.6　革新プロジェクトは Money Ball 方式で立ち上げる

　物流アナリストにとって魅力的な環境は、素直に数理モデルやその分析結果を取り入れてくれる現場があるという点にあります。成功している事例を見ると、使われている手法がなんであれ、その結果が現実に役立つのであれば何でもＯＫという気風があります。このような企業では、一般的に最新理論やソフトウェアについても、実務的な価値があり競合上優位に立てればどんどん取り入れようとします。抵抗勢力がでる場面もありますが、トップがその気になれば一気に話は進みます。但しここでのポイントは、「トップがその気になれば」という条件です。

　その辺の感覚が分かる例としては、"Money Ball（参考文献 [7-21]）"という映画があります。舞台は米国のメジャーリーグという華やかなプロ野球の世界。そこは元来勘と経験がものを言うアナログの業界ですが、ある時、周囲の反発を押しのけて確率と統計、シミュレーションを導入して意思決定を行い、ワールドシリーズを目指すというジェネラル・マネージャーが現れました。選手トレードの価格とその効果、起用のタイミング、トレーニングの内容など、全てのアクションが確率モデルの結果に基づいて行われるようにしました。そんなリスクテーキングをしたマネージャーの経緯と葛藤、抜擢された数理アナリストのアイデアと心理、旧勢力の反抗や二人の孤独感など、成功する企業での新規プロジェクト導入事情を彷彿とさせる面白い映画です。マネージャー役がカッコよいブラッド・ピットで、アナリスト役が小太りのジョナ・ヒルというのがややステレオタ

イプ過ぎですが、それにも増して感じるのはアナリストとそれを遂行するマネージャーのリスクレベルは格段に違うという点です。つまり、アナリストは失敗すれば別の職を探すだけですが、マネージャーにはそれがないわけです。只、報酬を考えれば極めてフェアなゲームではあります。

　思えば歴史的に著名な企業は大体このようなリスクテーキングをする創業者がいました。創業時の松下電器、ソニー、最近ではアマゾンやテスラなど、例は結構ありそうです。恐らくその裏では緻密な計算をしてくれるアナリストの存在があったものと思われますが、成功の鍵はこのようなリスクテーキングをしてくれるマネージャーと優秀なアナリストのコンビなのでしょう。この組み合わせは、一つの会社を立ち上げるほどではなくても、社内プロジェクトでも十分に効果的ではないでしょうか。

# 第8章
# 近未来の物流システム

　ここではこれまでの分析の延長として、今後期待される物流システムとそれに関連した最適化モデルについて考察してみます。近未来の物流管理に使えそうな技術としては、自動運転やマシンラーニング、AIなどというのが話題になっています。ここでは近未来の物流の姿とも関連付けて、それぞれについて簡単に触れてみます。

　**自動運転**については、まずは高速道路を使った幹線輸送、特に決められた二拠点間を往復するトラック便ではより早く実現されそうです。また、末端輸送についてはかなり先になるだろうと考えられます。ここで注意すべきは自動運転と最適化の違いは何かという点です。

　自動運転では、出発地と目的地を決め、出発時刻を設定すればその後のトラックの動きはすべて自動運転システムメーカーの提供するプログラムがコントロールします。その中身に関しては、あまり外から最適化する余地はないものと考えます。つまりAからBへ何時に出発と決めれば、あとは自動運転システムにお任せで良いということになります。それよりも重要なのは、そもそもなぜAからBへ行くのか、その後どうするのか、何を運ぶのか、などの問題が自動運転システムではスコープ外であるということです。このような問題に対しては、経済性や効率化の観点から最適化モデルを適用すべきで、それを自動運転システムとリンクさせれば、全体最適化システムが効率よく稼働する仕組みが実現できます。つまり、何をどの拠点に動かすのか、何台のトラックをどう使うのか、というような意思決定については最適化モデルで決め、実際の移動は自動運転で制御するという住み分けと連携が不可欠です。

　**AIシステム**に関しては、既に世の中には数多くありますが、どの問題をどん

な AI 技術で解決しようとするのかを明確にしないと、適合性の判断はつきません。つまり、AI というだけで何でも解決できるわけではないし、どの AI がよりフィットするのかという観点もあるので注意しなければなりません。

**マシンラーニング**も同じようなことが言え、過去の履歴を蓄積して知見が増す場合と、過去の履歴があまり役に立たない場合もあることを区別する必要があります。特に、膨大な数値を計算して正確な値を計算したい場合では、あまり過去実績は参考にならないわけで、データに基づいた最適化モデルの方が役に立つことが多いのではと考えます。逆に、病の治療などのように、最適化モデルを作るよりは、過去実績からの判断の方が効果的であろう例もあります。

尚、最適化モデルもマシンラーニングも AI の一部なので、ここで AI という場合はそれら以外という意味になります。AI とも関連しますが、先の章で議論した通りに、ロボットの刻々の動きについてはロボットメーカーの作る制御プログラムが一番です。これも自動運転と同じ事情で、X から Y へ移動となれば、ロボットメーカーの作る制御プログラムで移動をさせ、途中で障害物があればそれを回避するリアルタイムの処置をすることが良さそうです。但し、仕事の割り当てとかルートや順番の作成のような複数のロボットに関わる意思決定については、ロボットの動作制御とは別物と考えて、最適化モデルを活用する方がよいでしょう。

以上を踏まえた上で、近未来の物流システム、特に輸送システムのあるべき姿はどのようなものになるのか、またそのなかでどのような最適化モデルが利用されるのかを考えてみます。

## 8.1　広域大規模運送業者の配車システム：ディスパッチ型のスケジューリング

広域で大規模な物流ネットワークを使って配送を行っている運送業での配車システムについて考えてみます。大規模な物流ネットワークということは、拠点とトラックを使っているビジネスなので、荷の中継を行っているタイプの運送業になります。つまり、直送ではなく、集荷と納入の作業があり、途中の拠点で中継を行う運送業ということになります。英語では **LTL**（Less Than Truckload）という呼び方をしますが、このようなタイプの運送業は大規模なビジネスであることが大半です。

LTL タイプの運送業での複雑性の一つは、荷量の予測です。特に B to C のような場合は、荷量はその日になってみないと分からないので、出たとこ勝負という感じもあります。そのような環境では、予めの配車計画を立てるのも難しくなります。とは言っても、配車計画を立てずには運行の準備はできませんので、なんらかの荷量予測に基づき、短期中期の配車計画案（契約、手配、予約その他）を作成しなければなりません。

　また今後、荷量予測の精度は改善されるにしても、暫く不確定性が残りそうなので、厳密な荷量はその日になってみなければわからないという前提で、近未来の LTL 用の配車システムを考えてみます。

### 荷量予測は実績管理システムと逐次配車から

　荷量が分からないといっても、厳密には荷物を顧客から受け取った瞬間には、行先も締め切りも確定するわけで、その時点で詳細荷量データがシステムに登録されます。

　受注した荷量はその地点から目的地に向かっての移動が始まります。移動が進むにつれ、中継拠点を次々と経るわけですが、その間の到着、出発、拠点間の輸送記録が刻々とセーブされます。ここではそのような追跡システムがあるという前提ですが、さらに荷量追跡が車両追跡システムとも連携されている必要があります。

　車両追跡システムについての詳細は述べませんが、拠点での離発着や、移動中の位置情報もある頻度で自動的にシステムに記録されるというのが望まれます。

　これらの追跡システムの情報がデータベースにあるわけで、それらのデータを使って何ができるかです。まず、移動中の中継拠点での意思決定についてですが、予め荷量が完全に分かってない前日などでの予測荷量に従った配車計画があるとします。その後当日になって、刻々と荷量が明確になった時点で、再度配車し直すことが考えられます。個々の荷量確定は最初に登録された時から始まり、荷量を運ぶ車両が一つ手前の拠点を出発した時に逐次荷量位置が更新されます。そのような荷量情報を逐次取り込みながら、定期的に拠点毎に配車計画を再計算することが可能です。

　またそのような配車スケジュールを使えば、全ての荷量に対して、次の到着拠点での到着予測時刻も計算できます。

荷量が分かると中継拠点は短期スケジューリングができる

　荷量が不明な輸送ネットワークでの課題の一つは、その時点の確定荷量に対して、後続の車両や仕分け拠点に十分な能力があるかどうかという点です。具体的には、庫内の仕分けなどを行うソーターのキャパシティーや荷量の滞貨スペース、次拠点への輸送トラックの台数確保などが挙げられます。現状では、現場の管理者の勘と経験でまあ今日は大丈夫とか、今晩は要注意だから余分にトラックを予約しておこうという判断がされている状況です。これらはある意味曖昧で分かりにくく、エキスパート的な判断ではありますが、車両数が増え運転の自動化が進むとこれらも自動化されないとシステム全体のスムーズな運用が担保できなくなるでしょう。

　もし現時点から数時間分の到着荷量が分かれば、このような中継拠点でのより正確な短期スケジューリングが可能になります。特に荷量の仕分けや庫内移動のための作業・在庫スペースの確保、ソーターや庫内搬送機器のスケジューリングも可能になります。

　このような短期スケジューリングの一環として、出発便のスケジューリングも作成可能になります。短期の配車スケジューリングが重要なのは、十分な車両数の確保と共に、運んでいる荷量の締め切りに対して遅れがないかという進捗の確認ができることです。

　近未来の物流システムでは、当日配送のようなリードタイムの短い荷量が現在よりも増えるものと考えます。そうすれば、移動中の進捗管理も重要な管理事項となり、もし遅れが生じそうな荷物があれば、それを優先的に配送するなどの処置が必要になります。但しこれらは人手で対応することはほぼ無理なので、何らかの形で自動化されなければなりません。

　到着予定の荷量に対して、出発予定の便をリアルタイムでスケジュールする仕組みがディスパッチシステムと言われるものです。ディスパッチシステムに入力されるデータは、自動化されたシステムにより収集された追跡データとなります。図8-1にこのシステムの概念図を示します。

　この図にあるように、中継拠点での出発便のジレンマは、積載率を上げるためにできるだけ到着便を待ちたい一方、リードタイムの短い荷量を待たせすぎることもできないということです。その結果、車両をいつまで待たせるかを継続的に決めなければならないという悩しい問題が起こります。この問題は少くともある

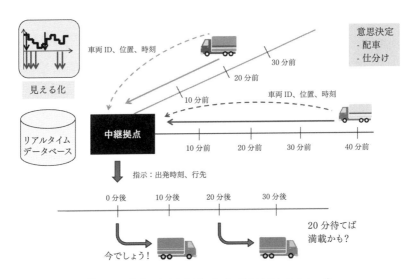

図8-1　リアルタイムのディスパッチシステムのイメージ

一定間隔で決定すべきものなので、荷量の搬送進捗データと各荷量の締め切りを逐次アップデートしながら、定期的に拠点別に最適化を実行することによって解決することができます。このディスパッチシステムのコアは、一定期間（5～30分程度）をおいて逐次配車内容を変えていくような連続的アルゴリズムです。

　特に車両が自動運転車であれば、ある時点で出発の指示を出さなければなりません。台数が少なければ人間が実行することもできるのですが、恐らく台数が増えて24時間体制での稼働になれば、そのような意思決定も自動化する必要が出るでしょう。人間でもある程度までは処理できても、関連データや対象台数が多くなれば自動的に処理するしか方法はなくなります。

　その場合、単に出発時刻の決定ではなくて、積載荷量の中味、行先や途中の経由拠点の有無、帰り便の設定なども同時に決定することも必要になります。その上で、時間的に先の事項については、暫定的な予定として他の拠点でのスケジューリングなどに利用できます。例えば、車両が出発した時点で、5時間後には行先拠点にその車両が着くという予測が立ち、更に1時間後に出発できる帰り荷はどうなるのかなどという考慮が可能になります。

　更に仕分けや各拠点から出荷される荷量の同期化も含めて、全体的に最適化された仕組みが近未来では稼働するのではないかと考えます。

このようなディパッチシステムで使われるアルゴリズムは、前述のローカルサーチを前提としたアルゴリズムになるはずです。というのも、毎回毎回計算をする時間はあまりないはずなので、前回の解をベースにそれに改良を加えるという処理になります。そこにローカルサーチを使えば、ごく短時間で改良解を求めることができます。但し問題点は、初期解をどうするかということと、あまり長くローカルサーチのみを行っていると、ある偏狭な解にはまってしまい、大幅に良い答えがあるのにそれが見つからなくなる可能性があるという点です。それを含めて、時々初期解を計算し直すなどの処理も並行して行うような工夫も必要となります。

以前このアイデアを某運輸会社で試した経験がありますが、データベースの処理スピードや端末とサーバー間の通信速度など、意外な件がボトルネックになることが判明しました。但し、これらは今後の IT 技術の進化で十分に解消されるものと思います。また配車の例ではないのですが、あるビル群の電力消費と発電について、同じようなアイデアで電力自動運転システムを開発したことがありますが、その際には安定した自動運用ができることが実証されています（参考文献[8-1]）。

## 8.2　リアルタイム配車システム

上記のリアルタイムディスパッチシステムは、大規模なネットワークを使った運送業者を対象としていますが、もっと一般的な配送業務の将来について考えてみます。ここでも自動運転が導入されて、配送が自動化されたとした場合にどのような配車システムが望ましいかを考察してみます。ここでのキーコンセプトはダイナミック・スケジューリングということです。

例えば、ある運送会社が、顧客から注文を受けて荷物の運搬を行う場合を考えます。この運送会社では、顧客から荷物の搬送注文を受けると、その時点で待機中、あるいは走行中の車両の位置を確認し、その中から注文を受けることの出来る適当なトラックを割り当てます。割り当てられたトラックは、顧客に指定された荷積み地点まで荷物を拾いに行き、要求された届け先まで荷物を運ぶという業務を行います。このような業務形態は専用車を用いて行われ、英語では TL（Track Load）といわれます。

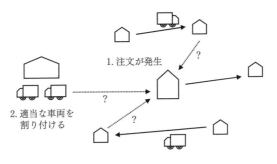

1. 注文が発生

2. 適当な車両を
割り付ける

図8-2　リアルタイムの配車システムのイメージ

　通常、各注文に対しては、配送製品の量以外に、到着時間の指定や、運搬を行うことの出来る車両、車種についての諸条件が設けられることもあります。また、それぞれの車両には、あらかじめ出発前までに入っていたいくつかの注文が既に割り当てられていて、その日のおおまかな配送予定のスケジュールが決められている場合もあります。

　新しく注文が入ってくると、荷積み地点、荷降ろし地点の位置を考慮して、指定された時間や荷量、条件に合う車両で、なおかつ割り当て済みのスケジュールに余裕がある車両を素早く探し、その中から最小コストで注文を配送できる車両を割り付けなくてはなりません。注文から得られる収入とその注文の配送コストを比べて、割り当て可能で一番利益が高くなる車両を探すことが望まれます。

　但し、コストよりも収入の方が大きくなるような適当な車両が近くになく、実際はその注文を引き受けても利益が出ない場合もあります。また、新しい注文の近くに複数の車両がある場合は、将来、予想される注文も考慮して、後で別の注文が入りそうな車両を避けて割り付けを行うことも、全体利益を最大化するためには必要になってきます（**図8-2**参照）。

　リアルタイム配車では、このようなニーズに対して、過去の配送実績から予想される将来の注文までを考慮して、リアルタイムで最も利益の得られる注文と車両の組み合わせを発見し、そのときのコストと利益を算出します。また同時に多数の注文が入ってきた場合でも、すぐにどの車両をどの注文に割り付ければ全体の利益が最大化されるかを計算して、素早く効率の良いリアルタイムの配車を行うことが可能になります。

　更に荷がなくなった時点で車両をどこに移動させるかという再配置問題も起こ

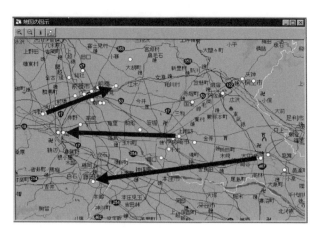

図8-3　リアルタイムの配車システムの例

りますが、この点については次に注文が入りそうな場所をマシンラーニングから予測するという手もあります。

　リアルタイム配車スケジューリングは割当て問題になる

　リアルタイム配車スケジューリングは、割当て問題と言われる OR 問題の一種になります。ということは、これは数学的には簡単に解ける問題であるということを意味します。勿論純粋な割当て問題は簡単でも、付帯条件が追加された配車問題が簡単というわけではありませんが、少なくとも効率的なアルゴリズムが開発されている問題なので、それを若干改修することで解法ソフトウェアができるのではと思います。**図8-3**に実例を挙げて割当て問題を説明します。

　この図では現在３台の車両が矢印に従って移動中とします。矢印の元は荷積み地点で、矢印の先が荷降ろし地点になります。車両それぞれは現時点で矢印のどこかにいるわけですが、その位置は動態管理システムで把握済みとします。

　続いて、新しく３つの注文が入ってきたのが**図8-4**です。新しく入ってきた注文は白い矢印で示してあります。この場合、どの注文にはどの車両を割り当てるのが最も良いかを判断するのがリアルタイムの配車機能で、ここでその割り当てを最適化すると、自動的に最も利益を最大化する注文と車両の組み合わせが計算されます。

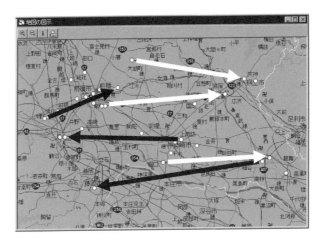

図 8 - 4　リアルタイムの配車システムのイメージ

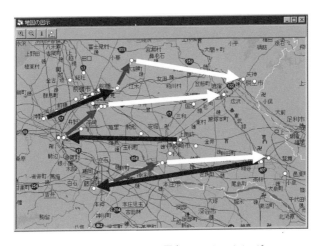

図 8 - 5　リアルタイムの配車システムのイメージ

　次に計算を行った結果が**図 8 - 5** です。新しく入ってきたそれぞれの注文に対して、全体の利益を最も増大する車両と注文の組み合わせが計算され、割り当てが灰色の矢印で示されています。これは、黒の矢印で示されている各車両の現在のスケジュールが終わった後、それぞれの車両は灰色の矢印で結び付けられている顧客先に移動し、そこから始まる新規の注文（白い矢印）を行うことを表しています。

このような割当て問題を人の配車に応用した最適化システムは現在でも存在します（タクシー、Uber、Lift 等）。只、配送トラックを自動的に割り当て最適化し継続的に運用するような仕組みは未熟です。今後自動運転システムが普及すると、目的地についた運送車は次の仕事や行先を指示されないとその場に居座ってしまうことにもなりかねません。従って、このようなダイナミック・スケジューリングシステムは、自動運転を使った貨物輸送には必須の仕組みとなるでしょう。

## 8.3 鉄道を使った当日配送システム：貨物新幹線

近未来で日本の物流に大きな変化をもたらす可能性があるのは、**リニア新幹線**ではないでしょうか。人の動きの変化もさることながら、それによる貨物の動きへの影響も起きるものと考えます。例えば、リニアが普及し人の流れがリニアへ移るにつれ、既存の新幹線の利用者が減ってしまい、空いた輸送力をどうするかという問題です。

一つの可能性は新幹線で貨物を運ぶという案です。今でも超長距離トラック便の代わりに夜中に新幹線を使うというアイデアはありますが、現状では旅客と貨物の分離原則に加えて、新幹線の夜間メンテナンス等があって利用は難しいようです。宅配便のようにリードタイムが厳しい荷物での新幹線利用は望ましいのですが、現在はそのインフラもできてないので実現に至っていません。

2027年のリニア稼働開始（多分遅れる見通し？）をきっかけに、遅かれ早かれ既存新幹線での貨物輸送という可能性が議論されるのではないでしょうか。既に新幹線の一部路線では採算性が問題視されているし、もし将来リニアが立ち上がれば、現在収益が上がっている路線でもプレッシャーがかかるのではないでしょうか。

貨物新幹線のためには貨物専用車を開発し、航空コンテナに似た専用コンテナも考案する必要がありそうです。一部の分析によれば、宅配便等の高付加価値商品の配送や航空便の代替として使えそうです（参考文献 [8-2]）。さらに旅客とは別に貨物用の専用ターミナルもどこかに配置されると必要もあるでしょうから、ここでは、その拠点がどこになるのかを考察してみます。

リニアは当面品川・名古屋間で、その後大阪へ延長されるようなので、当初の

図 8 - 6 全国の新幹線網（Wikipedia 参考文献［8-4］より）

貨物としては東海道新幹線の夜間利用というのが考えられます。また貨物専用車両ができれば、昼間でも一部運行が可能なはずで、東北新幹線や北海道新幹線の貨物利用も同時に視野に入ってきます。特に北海道からは多くの食料品が首都圏へ送られているので、貨物新幹線を北海道の物流から考えてみます（**図 8 - 6**）。

北海道の物流問題

　そもそも北海道の物流には、道内・道外間で荷量のアンバラスがあります。現在、道内への流入品は主に生活雑貨品で、流出品は農産品や水産品が主です。輸送は苫小牧・函館と青森・八戸間のフェリーを使ったトラック便が主流です。農産品の中にも、米やジャガイモのようにさほどリードタイムが厳しくないものは

現在でも一部鉄道貨物で運ばれていますが、トラック輸送の方は近年ドライバー不足による影響もあって、運賃が値上がり傾向にあるとのこと。やはりリードタイムがネックになって物流の発展に問題が出ている状況です。この状況を打開するためにも、貨物の新幹線輸送はかなり効果がありそうです。それによって、北海道の農業は飛躍的に発展する可能性もあります（参考文献［8-3］）。

北海道からの貨物輸送は現在フェリーを使ったトラック便が主なので、東京に着くには1日近くかかってしまいます。しかし、もし新幹線を使えば函館から4時間程度、札幌からでも5時間プラスで東京に着いてしまうでしょう。つまり、深夜便を使えば、夕方までに札幌や函館で集荷した生鮮食料品が翌日朝には首都圏に到着することが十分可能です。

既に2020年の6月時点で、東北・上越新幹線では地方からの海産物や農産物を品川駅や上野駅で直売している様子が報じられています（参考文献［8-5］）。これらは旅客新幹線の空スペースを利用した試みなので本格的な貨物輸送とはいいがたいのですが、このようなサービスに対するニーズがあることは明らかです。このアイデアを元に、東北や北海道からの貨物を新幹線で運ぶことが出来ればかなりのリードタイム削減が期待でき、多くの需要が掘り起こせるのではないでしょうか。

また、JR内での物流だけではなくて、通常の貨物トラック便との連携を考えればさらに市場の可能性は広がるものと思います。


2か所の新貨物ターミナル

新幹線を使った貨物便を大規模に始めるには、専用ターミナルが必要になってきます。トラック貨物と新幹線貨物の接続効率化を考えると、トラックと新幹線で共通に使える新しいコンテナの開発も望まれます（現在航空便で使われているようなもの）。そのような新しいコンテナを効率よく処理するためには、やはりコンテナの上げ下げを自動的に行うような新ターミナルの存在が望ましくなります。やや先走りかもしれませんが、そのようなターミナルはどこに設置すべきかを考えてみます。

新ターミナルの配置ですが、北海道、東北、上越、北陸新幹線の関係より、一つは**さいたま市付近**に専用のターミナルを作ることが考えられます。具体的には高速道路との関係から、岩槻とかさいたま市あたりがよさそうです。そこから食

料品は豊洲市場へ搬送され、それ以外の食料品については大口顧客への直送も考えられます。

次に東海地方や関西へ向けての拠点として、新横浜付近へもう一つのターミナルをつくることが考えられます。特に現在米軍のある**厚木基地**は、スペースと新幹線との位置関係からして、大変魅力的な場所ではないでしょうか。米軍基地の返還という政治的な問題があるにせよ、今後20年後から30年後を考えた場合には、決して不可能な案ではないのではないと考えます。

## 貨物新幹線を国外で売れ

このような貨物新幹線ができれば、本来の人間を運ぶ機能と合わせて、国外でも物流のインフラとして導入する可能性もあるのではと思います。現在リニア新幹線と似たようなアイデアとしては、ハイパーループ（参考文献［8-6］）というのがありますが、貨物の輸送システムとしての投資額は、貨物新幹線の方がはるかに安上がりではないでしょうか。しかも、既に確立した技術であることや、長年の無事故記録などからして、次世代の物流システムとしてはハイパーループよりは遥かに実現性が高いのではと考えます。国産の革新的製品が少ない日本としては、このような貨物新幹線を一つの目玉にして、物流システムや自動運転、AI、最適化技術、新エネルギーシステム等を統合したシステムとして海外で売り出すことも可能になるでしょう。

## まずは最適化モデル分析

貨物新幹線はいろいろと夢が広がるアイデアと思いますが、実現には種々の制約を乗り越える必要がありそうです。但し、路線や拠点、スケジューリングについては、最適化モデルを開発して緻密な分析を行うことによって最適な選択と投資可能性が見えてくるものと考えます。現段階では、誰がそのような分析をするのかも不明ですが、今後の進展に期待したいものです。

# Appendix A
## 巡回セールスマン問題（TSP）

巡回セールスマン問題（Traveling Salesman Problem, TSP）は、配車問題や庫内の動線最適化などでも利用されるよく知られた組み合わせ問題の一つです。元の意味は、セールスマンが自宅から出発してN個の顧客先を回り自宅に戻ろうとする場合、移動距離を最小にするにはどういう順番で顧客を訪れるべきかという問題です。実際にセールスマンがこのような問題を解くことがあるかどうかは疑問ですが、物流最適化に限らず種々の意思決定で頻繁に出会う問題です（**図A-1**参照）。

数学的に言えば、出発点も含めてN＋1個のサイトがあり、1番目のサイトから出発して全ての場所を回って元に戻る際の移動距離を最小にしたいという問題になります。全てのサイト間の移動距離は予め分かっているものとします。また、移動距離の最小化でなく、移動時間の最小化でも数学的には同じ問題になります。

この問題は理論的にもかなり深く研究されていて、専用の解説書も何冊かあるほどです（参考文献［A-1］、［A-2］等）。また、実際にこの問題を解く場合には手軽に実装できるアルゴリズムがあります。そのアルゴリズムは、**2-OPT**（ツーオプト）、**3-OPT**（スリーオプト）などという呼び方をされるローカルサーチ型のアルゴリズムです。3-OPT を超えるバージョンも考えられますが、あま

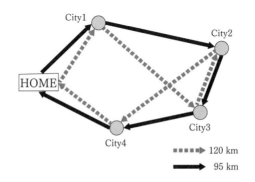

図A-1　4都市の巡回セールスマン問題

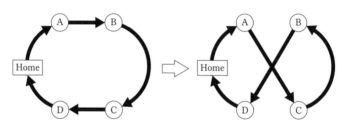

図A-2　2-OPT のイメージ

り使われることはありません。これらはローカルサーチなので計算時間はさほど
かかりませんし、適性 N がさほど大きくなければ、大体良い答えが見つかりま
す。また解法のアイデアも至極簡単で、2-OPT が毎回 2 個の枝を入れ替えて改
良する、3-OPT が毎回 3 個の枝を入れ替えて改良する、などとなっています。
一方で、最適性の保証はありません。

　簡単のために2-OPT のアイデアを**図A-2**に示します。尚、以下で枝とはルー
ト上の単区間のことで、例えば図A-1の実線ルートでは、Home → City1間とか
City1→ City2間を意味します。2-OPT の始まりでは、何らかの初期解が必要で
す。これは何でもよいのですが、予め答えがない場合は点の登録順で 1 → 2 → 3
→..→ N でもよいわけです。初期解が求まった段階で、次の改善ステップに移り
ます。

　改善ステップでは、現行のルート（左図）から、二つの異なる枝を選んで、
それぞれ A → B と C → D とすると、これらの枝をルートから抜いて、代わりに
A → C と B → D の枝を入れます。更に Home と A の間の枝は全てそのままと
し、B と C の間の枝は逆向きとし、D と Home 間の枝はそのままとして新しい
ルートを定義します（右図）。もしこの新しいルートの距離が前のルートよりも
短いならば、新しい答えを採用します。そうでなければ、そのままとします。

　このような枝の交換による改善を全ての枝の組み合わせで試し、改善が見つか
れば即採用して、再度初めから改善チェックをやり直します。その後もう改善が
見つからなくなった段階で終了とします。これが2-OPT による最終の答えです。

　2-OPT と同じように、3-OPT では 2 個の枝の代わりに 3 個の枝を同時に取り
換えることを試みます。アルゴリズムの絵は省きますが、3 個の枝に対して基本
的に同じような操作を行います。

全部のサイト数 N があまり多くない場合（数十から数百程度まで）であれば、2-OPT と 3-OPT を組み合わせれば、大体の問題を解くことができます。ある程度以上の場合（大体数百以上）は更に改善の工夫が必要になるかもしれませんので、問題の特徴を利用してさらに特化させたアルゴリズムを開発した方がよいでしょう。

# Appendix B
## ビンパッキング問題

　物を詰めるときによく遭遇する**ビンパッキング（瓶詰め）問題**は、大きさが違う多数のビンがあり、それらを同じサイズの箱にいれて収納する場合に、使う箱の数を最小化したいという問題です（**図B-1**参照）。この問題は、巡回セールスマン問題と同じように、アルゴリズム的に最適解を求めるのは大変難しい問題とされていますが、直観的に分かり易いアルゴリズムがあります。

　まず入れる物（アイテム）を大きさの順序に並べて、大きいものから順に箱に入れようとします（**図B-2**）。初めの1個目はあきらかですが、2個目からは、既に物が入っていて並べられている箱を端から順に調べ、もし十分な空きスペースがある場合にはその箱に入れます。十分なスペースがない場合には次の箱を試し、どれにも入らない場合には新しい箱に単独で入れます。これを繰り返して最後のビンを入れたところで終了です。

　このやり方は、車のトランクに物を入れる場合でも大きいものから入れるとよいなど、我々が普段物を箱に入れる時に無意識に行っている方法です。

　厳密にいえば、このアルゴリズムで常に最適解が見つかるとは保証できませんが、使用箱数は最適値から22％以内にあるという驚くべき証明もあります。しかも大抵の場合この答えはかなりよいということも経験的にも分かっています。

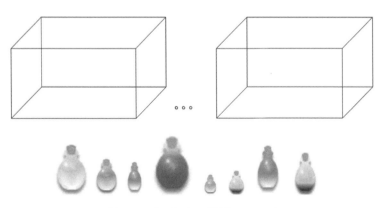

図B-1　ビンパッキング問題のイメージ

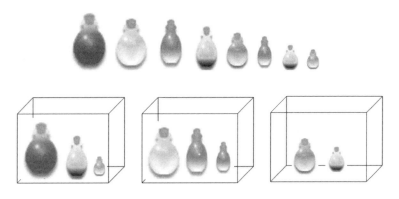

図B-2　大きさの順に並べ入れていくイメージ

　もう少し時間をかけても解をよくしたいのであれば、最初に求まった答えを初期解として、それから箱数を減らすべくローカルサーチ（例えばビン1個同士を2個の箱で交換して、1個の箱でより空きスペースが増すかどうかを見るなど）をするのがお勧めです。このようなハイブリッド型のアルゴリズムまで行うと、かなり良い結果が得られるはずです。

### 3次元のビンパッキング問題

　上記のビンパッキングはいわゆる1次元の問題といわれています。1次元というのは、ビンの大きさを記述するものとして1個の数値を用いるもので、箱とビンの大きさが容積で示されているとしています。この場合、箱にビンが入るかどうかは一つの数値を比べればよいわけです。

　1次元のビンパッキングにたいして、2次元や3次元のビンパッキングもあります。2次元のビンパッキングは、平面上で物が入るかどうかを比較するもので、実例としては、大きな布地から種々の服の生地を部品として切り出す際の問題があります。これは別名**カッティングストック問題**とも呼ばれていて、それ専用のアルゴリズムやソフトウェアがあります。

　3次元のビンパッキングは、ネット通販で重要な問題として認識されています。顧客の注文に従って段ボール箱に複数の製品を詰め込む際に、どう詰めるかという場合にこれが発生します。大規模なネット通販で、複数製品を同時購入すると値引きがあるような場合では、この問題がよく起きます。しかも、箱の大き

さは配送運賃と直接関係するので、同じ運賃ならば平均的にできるだけ形のよい段ボールを用意すると運送費が節約できます。よって、段ボール箱業者に箱を発注する際に、サイズと数量を最適化することができます。

　いくつかの箱が準備されている現場では、注文毎に複数ある箱の中からどの箱を使ってどう入れるかが現場で働く作業員の腕の見せ所となります。また、3次元ビンパッキング問題の答を計算して見せれば更に効率が増すかもしれません。一部のネット通販業者（ウォールマート等）では、3次元のパッキング用アルゴリズムを開発し、現場でも成功を収めているとのことです（参考文献［A-3］）。

# 参考文献

## 第1章

[1-1] 圓川隆夫編集『戦略的 SCM―新しい日本型グローバルサプライチェーンマネ
ージメントに向けて』日科技連、2015年3月

[1-2] Carino D. R. et. al., "The Russell-Yasuda Kasai Model: An Asset/Liability Model
for a Japanese Insurance Company Using Multistage Stochastic Programming,"
*INFORMS Journal on Applied Analytics*, Vol.24, Issue 1, January-February 1994,
https://pubsonline.informs.org/doi/10.1287/inte.24.1.29

[1-3] Yoshino T. et. al., "The Traffic-Control System on the Hanshin Expressway,"
*INFORMS Journal on Applied Analytics*, Vol.25, Issue 1, January-February 1995,
https://pubsonline.informs.org/doi/10.1287/inte.25.1.94

[1-4] Suzuki A. et. al., "An OR/MS Approach to Managing Nanzan Gakuen（Nanzan
Educational Complex）: From the Strategic to the Daily Operational Level,"
*INFORMS Journal on Applied Analytics*, Vol.36, Issue 1, January-February 2006,
https://pubsonline.informs.org/doi/10.1287/inte.1050.0183

## 第2章

[2-1] ＊松川公司「実務者から見た「ロジスティックスネットワーク設計」のニーズ
と課題」、日本オペレーションズ・リサーチ学会、春季研究発表会アブストラ
クト集2005、pp.188-189、2005年

[2-2] 伊倉義郎「エデルマンの勇者たち（1）：スペインのファースト・ファッショ
ン、Zara」、日本オペレーションズ・リサーチ学会『オペレーションズ・リサ
ーチ：経営の科学』56(7)、pp.400-402、2011年7月、
https://ci.nii.ac.jp/naid/110008673432

## 第3章

[3-1] ＊伊倉義郎「M&A・企業再編に役立つ最適化ツール」、ターンアラウンドマネ
ージャー、No.12、pp.60-65、2007年

[3-2] 高井英造「災害からのサプライチェーン復元力と情報システム―レジリエン
ト・サプライチェーンのためのシステム―」、『日本経営工学会経営システム
誌』第22号、第4号、2011年10・11月

[3-3] ＊臼田光一・吉澤睦博「サプライチェーンの地震リスク評価システム ISSOP®-SCM」、日本オペレーションズ・リサーチ学会『オペレーションズ・リサーチ：経営の科学』54(11)、2009年11月

[3-4] ＊伊倉義郎「SaaS による物流最適化とその応用について」、日本オペレーションズ・リサーチ学会、『オペレーションズ・リサーチ：経営の科学』50(5)、2011年2月

[3-5] 伊倉義郎「エデルマンの勇者たち（6）：ヨーロッパの宅配便 TNT Express」、日本オペレーションズ・リサーチ学会、『オペレーションズ・リサーチ：経営の科学』57(7)、pp.387-389、2012年7月、https://ci.nii.ac.jp/naid/10031084306

**第4章**

[4-1] 宮崎智明・草刈公子・伊倉義郎「配車スケジューリングに対する数理計画手法適応の試み」、日本オペレーションズ・リサーチ学会、シンポジウム予稿集、No. 32、pp 178-181、1994年10月11日、https://ci.nii.ac.jp/naid/110004049372

[4-2] 伊倉義郎、「エデルマンの勇者たち（3）：絶対マジに OR、FedEx と UPS の仁義なき戦い」、日本オペレーションズ・リサーチ学会、『オペレーションズ・リサーチ：経営の科学』56(11)、pp.666-669、2011年11月、https://ci.nii.ac.jp/naid/110008762164

**第5章**

[5-1] 高井英造・真鍋龍太郎『問題解決のためのオペレーションズ・リサーチ入門―Excel の活用と実務的例題』日本評論社、2000年4月

[5-2] 刀根薫『「基礎数理講座1　数理計画』朝倉書店、2007年9月

[5-3] Vanderbei R. J. "Linear Programming: Foundations and Extensions（International Series in Operations Research & Management Science)," Springer 5th edition, 2020年5月

**第6章**

[6-1] "AI keeps Amazon Warehouse humming," https://www.youtube.com/watch?v = B2Humr181Qw

[6-2] "2020 INFORMS Franz Edelman Award: World's Leading Operations Research and Analytics Competition Selects Finalists," *INFORMS*, https://www.informs.org/About-INFORMS/News-Room/Press-Releases/2020-INFORMS-Fran z-Edelman-Award-World-s-Leading-Operations-Research-and-Analytics-Competition-Selects-Finalists

[6-3] 「物流ロボットプログラミングコンテスト0510」、ダイワロジテック、
　　　 https://www.youtube.com/watch?v =_6cMpVaZufY&feature = youtu.be

[6-4] "JD.com Fully Automated Warehouse in Shanghai," JD.com Inc.,
　　　 https://www.youtube.com/watch?v = RFV8IkY52iY

[6-5] 大山達雄『パワーアップ離散数学』共立出版、1997年 8 月

[6-6] Garfinkel R. S. and Nemhauser G. L., *Integer Programming*, Wiley, 1972

[6-7] Conforti M., Cornuejols G. and Zambelli G., *Integer Programming*（Graduate
　　　 Texts in Mathematics（271）），Springer, 2014

[6-8] 伊倉義郎「エデルマンの勇者たち(12)：宗教の OR、メッカへの大巡礼」、日
　　　 本オペレーションズ・リサーチ学会、『オペレーションズ・リサーチ：経営の
　　　 科学』61(4)、pp.265-269、2016年 4 月、https://ci.nii.ac.jp/naid/40020808686

## 第 7 章

[7-1] Stone B., *The Everything Store: Jeff Bezos and the Age of Amazon*, Little, Brown
　　　 and Company, 2013

[7-2] "Christmas Delivery Fiasco Shows Why Amazon Wants Its Own UPS,"
　　　 https://www.wired.com/2013/12/amazon-ups/

[7-3] "Amazon is Building a New Distribution Network Quickly and Quietly!," 2014
　　　 年 7 月、https://www.mwpvl.com/html/amazon_building_new_sortation_net
　　　 work.html

[7-4] "Sales revenue of e-commerce retailer Amazon Japan G.K. from fiscal year 2013
　　　 to 2018," https://www.statista.com/statistics/672006/japan-amazon-japan-sales/

[7-5] 「アマゾンが遂に「自前物流構築」の衝撃」、東洋経済オンライン、2019年 6
　　　 月、https://toyokeizai.net/articles/-/285198

[7-6] 「ヤマトがアマゾンに1.7倍の運賃値上げと総量抑制を要請、ヤマ場は 9 月」、
　　　 ダイヤモンドオンライン、2017年 7 月、
　　　 https://diamond.jp/articles/-/136018?page =2

[7-7] 「ファクトデータ2020」、ヤマトホールディング、
　　　 https://www.yamato-hd.co.jp/investors/library/fact/

[7-8] 「平成30年度　宅配便取扱実績について」、国土交通省、
　　　 https://www.mlit.go.jp/report/press/jidosha04_hh_000195.html

[7-9] 「支店営業所一覧」、佐川急便、
　　　 https://www.sagawa-exp.co.jp/company/branch/

[7-10] 「ヤマトグループ次世代ネットワーク構想「バリューネットワーキング」構
　　　 想」、ヤマトホールディングニュースレター Vol 12、2013年 8 月、

https://www.yamato-hd.co.jp/company/newsletter/bobis70000001zla-att/news letter_12.pdf

[7-11]「東名間で当日配送」、『日本経済新聞』朝刊12ページ、2016年9月9日

[7-12]「アマゾンの当日配送撤退、ヤマトが方針」、日本経済新聞電子版、2017年4月7日、https://www.nikkei.com/article/DGXLZO15027450X00C17A4MM8000/

[7-13]「ヤマト運輸中部ゲートウェイ案内パンフレット」、ヤマト運輸、2016年9月8日

[7-14]「ヤマト運輸が日本初のスーパーフルトレーラ25（車両長25メートルの連結トレーラ）を導入」、ニュースリリース、ヤマトホールディング、2017年9月19日、https://www.yamato-hd.co.jp/news/h29/h29_62_01news.html

[7-15]「経営構造改革プラン「YAMATO NEXT100」を策定」、ニュースリリース、ヤマトホールディング、2020年1月23日、https://www.yamato-hd.co.jp/news/2019/20200123.html

[7-16]「ヤマト、ヤフーとのタッグに見るジレンマ」、東洋経済オンライン、2020年4月、https://toyokeizai.net/articles/-/343702

[7-17] Mason R. O. et. al., "Absolutely, Positively Operations Research: The Federal Express Story," *INFORMS Journal on Applied Analytics*, Vol 27, Issue 2, March- April 1997

[7-18] Armacost A. P. et. al., "UPS Optimizes Its Air Network," *INFORMS Journal on Applied Analytics*, Vol 34, Issue 1, January-February 2004

[7-19] Holland C. et. al., "UPS Optimizes Delivery Routes," *INFORMS Journal on Applied Analytics*, Vol 47, Issue 1, January-February 2017

[7-20] Fleuren H. et. al., "Supply Chain-Wide Optimization at TNT Express," *INFORMS Journal on Applied Analytics*, Vol 43, Issue 1, January- February 2013

[7-21] "Money Ball," Columbia Picture, released on September 19, 2011

**第8章**

[8-1]「独自のシステムを構築し、AIで電力供給と発電を予測・管理」、週刊環境ビジネスオンライン、2017年7月31日号

[8-2] 浪床正敏・田村信弥「新幹線利用高速貨物輸送の可能性について」、土木学会第60回年次学術講演会、2005年

[8-3]「北海道における食関連産業を支える物流のありかた」、北海道経済連合会、2018年3月

[8-4]「新幹線」Wikipedia,

https://ja.wikipedia.org/wiki/%E6%96%B0%E5%B9%B9%E7%B7%9A

[8-5] 「宮城の農産物、新幹線で東京へ　JR 東と日本郵便連携」、『日本経済新聞』2018年11月 7 日

[8-6] "Hyperloop Explained," Youtube.com, 2018年 7 月11日、https://www.youtube.com/watch?v = zcikLQZI5wQ

## Appendix

［A-1］ 山本芳嗣・久保幹雄「巡回セールスマン問題への招待（シリーズ「現代人の数理」）」、朝倉書店、1997年 2 月

［A-2］ ウィリアム・J・クック「驚きの数学 巡回セールスマン問題」、青土社、2013年 5 月

［A-3］ Young G. and Mu C, "A Machine Learning Approach to Shipping Box Design," presented at the 13th INFORMS Workshop on Data Mining and Decision Analytics, https://arxiv.org/abs/1809.10210

注：上記の＊は、サイテック社の HP（www.saitech-inc.com/Products/Prod-SFLOjp.asp）よりダウンロード可能です。

# 索　引

## 欧　字

AI　1
　——システム　187
Amazon.com　130, 149
American Airline　5
AT&T　5
Edelman　11
FedEx　5, 58, 62, 93, 96, 149
FIFO ルール　39
FC（Fulfilment Center）　130, 150
HP　5
IBM　5
INFORMS　5, 11
LTL（Less Than Truckload）　188
Money Ball　185
NAFTA　37
　——モデル　37
OR　58, 93, 139
TL（Track Load）　192
TNT Express　5, 56
TSP　124
UPS　5, 50, 58, 62, 93, 97, 149
WMS　124
Zara　5, 10, 11, 13

## あ　行

アマゾン　130, 149, 150, 152
　——・ジャパン　161, 162
　——フレックス　162
移動ロボット　127
飲料メーカー　39
運送業　43
エクセル・ソルバー　101, 109

オーダーピッキング　121
オペレーションズ・リサーチ（OR）　3, 5,
　58, 93, 139

## か　行

貨物新幹線　196
幹線輸送　29, 45, 71
感度レポート　112, 116
局所最適解　85
局所探索法　83
拠点間輸送問題　71
拠点配置　17, 30, 47
　——問題　9
クロスドック　24, 41, 42
ゲートウェイ　167, 179
限界価値　115
工場の統廃合　23
固定費用　32

## さ　行

サウジアラビア
　——政府の自治省　140
　——の宗教省　5
佐川急便　152, 164
サプライチェーン・モデル　30
時間指定　67
支線輸送　45
自動運転　187
自動車産業　90
シミュレーション　43, 170, 173
車型指定　68
ジャストインタイム（JIT）　21, 77, 90
集合被覆問題　129
巡回セールスマン問題　84, 123, 201

整数計画法　88
制約条件　66
制約理論（TOC）　116
石油元売り　88
線形計画
　——ソフトウェア　87
　——法　36, 83, 87, 101, 173
ソーター　121
ソーテーションセンター（SC）　151

## た　行

大巡礼（ハッジ）　141
ダイナミック・スケジューリング　192
タイヤメーカー　37
ダイワロジテック　134
宅配便　99, 163, 165
たすき掛け（襷掛け）　80
端末輸送　72
長距離運転　76
ディスパッチシステム　191
データ　47
デリバリープロバイダー　160, 162
当日配送　179

## な　行

日本 OR 学会誌　10, 56, 93, 139
日本通運　152
日本郵便　149, 152
ネット通販　119
配車問題　17, 65

## は　行

配送センター（DC）　20
　——の統廃合　22
バッチピッキング　121
ピッキング　120
　——ルート生成問題　123
ピックロボット　127
ビンパッキング（瓶詰め）問題　135, 204
フェデックス　150
部品展開表（BOM）　19, 22
変動費用　32
ボトルネック　116

## ま　行

末端輸送　29

## や　行

ヤマト運輸　149, 152, 165, 179, 181
輸送実績　52
輸送モード　23
横持　8, 24, 39

## ら　行

リアルタイム配車　192
ルート候補生成　83
ルート生成型　86
ローカルサーチ　205
　——型　83, 201
　——タイプ　83
ローリー配送　89

## ●執筆者紹介

**伊倉義郎**（いくら・よしろう）

東京大学理学部物理学科卒業後、東京大学工学系研究科情報工学科修士、コーネル大学工学部インダストリアル・エンジニアリング・アンド・オペレーションズ・リサーチ学科で組み合わせ最適化での Ph. D. を取得。パシフィック・ガス・アンド・エレクトリック社（サンフランシスコ）、AT & T ベル研究所（ニュージャージー）主任研究員等を経て、1993年米国法人 SAITECH, inc. を設立、その後日本法人(株)サイテック・ジャパンを設立。日米で多くのサプライチェーンやロジスティックの最適化プロジェクトやソフト開発に従事。INFORMS（米国 OR 学会）の実務研究部会主査や日本 OR 学会理事を歴任。OR 専門誌や物流関係の雑誌に多数の論文。

**高井英造**（たかい・えいぞう）

コロンビア大学工学部大学院（経営科学）修了（M.S、1965）。三菱石油(株)数理計画部、エネルギー調査部長を経て、静岡大学人文学部経済学科教授（経営情報論）、多摩大学大学院客員教授、文部科学省科学技術政策研究所科学技術動向研究センター客員研究官等を歴任。日本オペレーションズ・リサーチ学会フェロー（元副会長）、生産性本部 APICS 日本代表部顧問、日本ロジスティクスシステム協会（JILS）ストラテジック SCM・コースコーディネーター、ストラテジック SCM フォーラム（SSFJ）理事長。著書『問題解決のためのオペレーションズ・リサーチ入門』（共著）（日本評論社）ほか。

オペレーションズ・マネジメント選書
# 物流アルゴで世が変わる
サプライチェーンの最適化

2020年11月25日　第1版第1刷発行

著　者——伊倉義郎・高井英造
発行所——株式会社日本評論社
　　　　　〒170-8474　東京都豊島区南大塚3-12-4　電話 03-3987-8621（販売）、8595（編集）
　　　　　振替　00100-3-16
　　　　　https://www.nippyo.co.jp/
印　刷——精文堂印刷株式会社
製　本——株式会社難波製本
装　幀——林　健造
検印省略 © Yoshiro Ikura, Eizo Takai, 2020
Printed in Japan
ISBN978-4-535-55966-0